# Português em Foco 4

## Caderno de Exercícios e Aspetos Culturais

### Níveis C1/C2

Lidel – edições técnicas, lda.
www.lidel.pt

EMPRESA PROMOTORA
DA LÍNGUA PORTUGUESA

EMPRESA PROMOTORA
DA LÍNGUA PORTUGUESA

A Lidel adquiriu este estatuto através da assinatura de um protocolo com o **Camões – Instituto da Cooperação e da Língua**, que visa destacar um conjunto de entidades que contribuem para a promoção internacional da língua portuguesa.

Edição e Distribuição
Lidel – Edições Técnicas, Lda
Rua D. Estefânia, 183, r/c Dto – 1049-057 Lisboa
Tel: +351 213 511 448
lidel@lidel.pt
Projetos de edição: editoriais@lidel.pt
www.lidel.pt

Livraria
Av. Praia da Vitória, 14 A – 1000-247 Lisboa
Tel: +351 213 541 418
livraria@lidel.pt

Copyright © 2021, Lidel – Edições Técnicas, Lda.
ISBN edição impressa: 978-989-752-505-6
1.ª edição impressa: junho de 2021
Reimpressão de junho 2022

Paginação: Pedro Santos
Impressão e acabamento: Cafilesa – Soluções Gráficas, Lda. – Venda do Pinheiro
Dep. Legal: 484287/21

Capa: José Manuel Reis

Fotografias: vários (página141)

Todos os nossos livros passam por um rigoroso controlo de qualidade, no entanto aconselhamos a consulta periódica do nosso *site* (www.lidel.pt) para fazer o *download* de eventuais correções.
Não nos responsabilizamos por desatualizações das hiperligações presentes nesta obra, que foram verificadas à data de publicação da mesma.
Os nomes comerciais referenciados neste livro têm patente registada.

## GRAMÁTICA

**1. Complete as frases com os verbos na forma correta.**

> **Exemplo:** Espero que eles **tenham chegado** bem ao destino.

**1.** A: Malta, há alguém que já _____ (ler) as instruções da nova máquina de café?

B: Talvez a Maria _____ (fazer) isso. Ela adora manuais de instrução.

**2.** A: Por mais que eu _____ (insistir), a Ana não me contou o que se passa.

B: Talvez ela _____ (zangar-se) com o namorado. Ultimamente _____ (andar) tão em baixo.

**3.** A: O que quer que lhe _____ (acontecer), deve ser muito grave, mas ela não diz nada.

B: Achas que estará doente? Só espero que não _____ (fazer) algum disparate.

**4.** A: Meus senhores, logo que _____ (acabar) de preencher os questionários, entreguem-nos à minha secretária, por favor.

B: Desculpe, eu _____ ( gostar) de saber para que servem estes questionários. Devemos estar preocupados com os nossos postos de trabalho?

**2. Complete o texto usando as preposições da caixa.**

> **sem / sem / durante / por / de / em / a / com**

Parece que este caso se passou _____ EUA.

Os moradores _____ um bairro ficaram perplexos quando viram na sua rua um carro a andar de marcha atrás e _____ círculos _____ uma hora.

No lugar _____ condutor estava um cão. O dono do carro explicou _____ polícia que tinha deixado o carro ligado quando saiu, achava ele, _____ apenas uns minutos. O cão entrou _____ veículo sem ninguém ver e, _____ acaso, acionou a marcha atrás.

A polícia conseguiu parar o carro e salvar o cão que, imaginamos nós, já devia estar enjoado _____ tanta volta.

**3. Leia o texto e faça os exercícios propostos.**

Com que brilho e inspiração copiosa a compusera o Divino Artista que faz as serras, e que tanto as cuidou, e tão ricamente as dotou, neste seu Portugal bem-amado! A grandeza igualava a graça. Para os vales, poderosamente cavados, desciam bandos de arvoredos, tão copados e redondos, de um verde tão moço, que eram como um musgo macio onde apetecia cair e rolar. Dos pendores, sobranceiros ao carreiro fragoso, largas ramarias estendiam o seu toldo amável, a que o esvoaçar leve dos pássaros sacudia a fragância. Através dos muros seculares, que sustêm as terras liados pelas heras, rompiam grossas raízes coleantes a que mais hera se enroscava. Em todo o torrão, de cada fenda, brotavam flores silvestres. Brancas rochas, pelas encostas, alastravam a sólida nudez do seu ventre polido pelo vento e pelo sol; outras, vestidas de líquen e de silvados floridos, avançavam como proas de galeras enfeitadas: e, de entre as que se apinhavam nos cimos, algum casebre que para lá galgara, todo amachucado e torto, espreitava pelos postigos negros, sob as desgrenhadas farripas de verdura que o vento lhe semeara nas telhas. Por toda a parte a água sussurrante, a água fecundante (…). Espertos regatinhos fugiam, rindo com os seixos, de entre as patas da égua e do burro; grossos ribeiros açodados saltavam com fragor de pedra em pedra; fios direitos e luzidios como codas de prata vibravam e faiscavam das alturas dos barrancos; e muita fonte, posta à beira de veredas, jorrava por uma bica, beneficamente, à espera dos homens e dos gados (…). Todo um cabeço por vezes era uma seara, onde um vasto carvalho ancestral, solitário, dominava como seu senhor e seu guarda. Em socalcos verdejavam laranjais rescendentes. Caminhos de lajes soltas circundavam fartos prados com carneiros e vacas retouçando – ou mais estreitos, entalados em muros, penetravam sob ramadas de parra espessa, numa penumbra de repouso e frescura. Trepávamos então alguma ruazinha de aldeia, dez ou doze casebres, sumidos entre figueiras, onde se esgarçava, fugindo do lar pela telha vã, o fumo branco e cheiroso das pinhas. Nos cerros remotos, por cima da negrura pensativa dos pinheirais, branquejavam ermidas. O ar fino e puro entrava na alma, e na alma espalhava alegria e força. Um esparso tilintar de chocalhos de guizos morria pelas quebradas (…).

Jacinto adiante, na sua égua ruça, murmurava:

– Que beleza!

E eu atrás, no burro de Sancho, murmurava:

– Que beleza!

Eça de Queiroz, *A Cidade e as Serras*, Livros do Brasil, edição baseada nos manuscritos e na edição de 1901 (Com supressões)

1. Eça de Queiroz, mestre na adjetivação, atribui, por vezes, a um substantivo concreto uma qualidade abstrata, ou a um ser inanimado confere qualidades humanas. Procure no texto exemplos desta adjetivação.

2. Eça de Queiroz descreve a paisagem, ao estilo impressionista, através de cores, tonalidades, sons, cheiros, sensações. Procure no texto exemplos desta adjetivação.

**4. Depois de ler o texto que se segue, reescreva-o, substituindo as partes sublinhadas pelos adjetivos da caixa.**

### invisível / cabisbaixa / tímida / muda / discreta / interessada

Luísa entrou no salão de baile depois de a orquestra atacar a valsa. O olhar no chão, deslizou silenciosamente até ao fundo da sala e sentou-se num cadeirão que se encontrava atrás de uma palmeira, evitando o olhar dos outros convidados. Não falou com ninguém, mas olhou demoradamente os pares que rodopiavam pela sala.

À meia-noite levantou-se, passou rente à parede sem que alguém notasse a sua presença. Saiu para a rua e desapareceu na escuridão.

**5. Substitua o adjetivo *aberto* pela palavra ou expressão mais adequada da caixa e faça as alterações necessárias.**

### não cicatrizada / vasto / desabrochadas / em funcionamento / desabotoada /
### sem preconceitos / calorosamente / límpido / espantado

**1.** Do cimo do monte avistava-se o campo aberto, a perder de vista.

**2.** Apesar do tratamento prolongado, a ferida continuava aberta.

**3.** Foi barrado à porta da discoteca por levar a camisa aberta até meio do peito.

**4.** Ela olhou, embevecida, as flores abertas e perfumadas.

**5.** Aos sábados o escritório não está aberto.

**6.** Para amanhã teremos céu aberto e temperaturas suaves.

**7.** A Dona Ana é uma mulher de espírito aberto, apesar da idade avançada.

**8.** Ela recebeu os amigos de braços abertos.

**9.** Quando recebeu a notícia, ficou de boca aberta.

**6.** O verbo *bater* pode ocorrer com várias locuções. Faça a correspondência entre as frases (a-i) e o significado do verbo *bater* + locução (1-9).

| | |
|---|---|
| **1.** bater o pé | **a.** O que se passa com o Zé? Parece que não regula bem da cabeça! |
| **2.** bater a porta | **b.** O Antunes foi condenado por espancar o cão. |
| **3.** bater os dentes | **c.** Ficou tão assustada que até tremia de medo durante o interrogatório. |
| **4.** bater o terreno | **d.** Ela saiu da empresa, furiosa, mas fazendo valer a sua razão. |
| **5.** bater os ovos | **e.** A Maria é muito corajosa. Ela luta ferozmente pelas suas convicções. |
| **6.** bater as horas | **f.** O relógio da torre fez soar o meio-dia. |
| **7.** bater em alguém | **g.** A criança teimou e só foi para a cama quando todos se foram deitar. |
| **8.** não bater bem | **h.** A Sofia despejou os ovos para uma tijela e mexeu-os com muito vigor. |
| **9.** bater-se por alguém/algo | **i.** A polícia explorou todo o terreno, mas não encontrou o idoso desaparecido. |

## SUGESTÕES DE LEITURA

**1.** Leia uma das obras propostas e complete a ficha de leitura.

Eça de Queiroz – *A Cidade e as Serras*

José Eduardo Agualusa – *O Vendedor de Passados*

Sophia de Mello Breyner Andresen – *Cem Poemas de Sophia*

| FICHA DE LEITURA | |
|---|---|
| Título da obra | |
| Editor | |
| Local e data de edição | |
| Informações sobre o autor (biografia resumida) | |
| Outras obras do autor (bibliografia) | |
| Resumo / Sinopse da obra | |
| Citações da obra | |
| Comentário sobre o livro | |

 **EXPRESSÃO ESCRITA**

1. Leia o poema "Mar", de Sophia de Mello Breyner Andresen, em *Cem Poemas de Sophia*, e escreva um poema com o mesmo título.

2. Escreva um texto com o título "De todos os cantos do mundo" em cerca de 180-200 palavras.

3. Descreva um lugar especial para si em cerca de 180-200 palavras.

## ASPETOS CULTURAIS E INTERCULTURALIDADE

**INTERAÇÃO SOCIAL – CONVENÇÕES COMPORTAMENTAIS E PROXÉMICA**

**Objetivos:** Identificar a importância gestual na comunicação intercultural; reconhecer gestos usados para cumprimentar ou apresentar alguém; descodificar gestos; relacionar gestos com a comunicação verbal; levantamento de mal-entendidos interculturais

**1. Leia os textos sobre gestos portugueses e responda às perguntas.**

1.
O polegar para cima indica uma coisa boa; sucesso.
Se o polegar está para baixo indica algo negativo; insucesso.
É um gesto ofensivo em alguns países.

Fazer figas significa pedir sorte. É um gesto muito ofensivo em alguns países.
 2.

3.
Este é o gesto para significar que tudo está bem.
Pode ser um gesto ofensivo em alguns países.

O V de vitória é um gesto internacional, mas pouco usado pelos portugueses. Pode ser um gesto ofensivo em alguns países. Muito usado nos países asiáticos na hora de tirar uma fotografia.
 4.

5.
É um gesto para chamar alguém. Também pode ser usada a mão toda com os dedos dobrados. Pode ser um gesto ofensivo em outros países.

A palma da mão aberta e dirigida para uma pessoa significa: "Parar!" Em alguns países pode ser um insulto.
 6.

1. Algum destes gestos é ofensivo no seu país?

2. Para significar a mesma coisa que tipo de gestos usa no seu país?

**2. Leia o texto e observe as imagens. De seguida, responda à pergunta.**

### As mãos também falam

A comunicação não-verbal compreende cerca de 50% da nossa compreensão. Os gestos reforçam a palavra ou podem substituí-la. Por vezes, os gestos são suficientes para transmitir uma mensagem.

Convém ter em atenção, no entanto, que os gestos podem também significar o contrário da palavra. Podemos dizer algo ao nosso interlocutor e, através de um gesto, significar o oposto.

O gesto é uma convenção cultural. O mesmo gesto pode ter significados muito diferentes em diferentes países. Um gesto amigável num país pode significar uma ofensa noutro país. É necessário conhecer a descodificação do gesto para evitar o mal-entendido cultural. Por exemplo, em Portugal, durante uma conversação, o contacto visual entre dois ou mais interlocutores é bem-visto porque demonstra interesse e franqueza. No entanto, noutras culturas, é malvisto porque é considerado impróprio e até rude. De qualquer modo, nunca se deve olhar fixamente o interlocutor, a não ser que se queira demonstrar superioridade ou sarcasmo. Há gestos que se usam numa conversação normal, outros são mais informais ou familiares e alguns podem ser mesmo vulgares e ofensivos.

Quando estudamos uma língua, é importante conhecer os gestos mais comuns do país-alvo para evitarmos situações confrangedoras ou mal-entendidos culturais.

| Gestos normais | Gestos familiares | Gestos vulgares |
|---|---|---|
| telefonar | beijinho | Vai-te lixar! |
| ter sono | estar farto | Toma! |

1. Compare os gestos portugueses indicados acima com os gestos que têm o mesmo significado no seu país.

**3. Leia o texto e observe as imagens. De seguida, responda à pergunta.**

### Contar pelos dedos

Nem todos usamos os mesmos dedos para contar. Em Portugal, quando começamos a contar, começamos pelo dedo mindinho (o mais pequeno), que é o número um, e vamos até ao polegar, que é o número cinco. No entanto, se queremos apenas referir uma unidade, usamos o indicador apontado para cima. Se queremos só significar duas unidades, usamos o indicador e o dedo médio.

uma unidade, em
Portugal

três unidades, em
Portugal

três unidades, na
Alemanha

1. Como é no seu país? Conte até cinco, usando os dedos.

**4. Indique o significado dos gestos nas imagens abaixo e diga se existem no seu país.**

1 _____

_____

2 _____

_____

**5. Leia o texto e observe as imagens. De seguida, responda à pergunta.**

### "Zé Povinho"

Rafael Bordalo Pinheiro foi o criador do famoso "Zé Povinho".

Bordalo Pinheiro (1846-1905) foi um artista português polivalente. Foi desenhador, aguarelista, ilustrador, jornalista, ceramista e caricaturista político e social.

Originalmente, a figura do Zé Povinho foi criada em 1875 como ilustração num jornal para protestar contra os impostos. Mais tarde, esta famosa figura foi fabricada em faiança, a fazer o "manguito". Este gesto também é chamado de "Toma!".

Esta caricatura representa o povo português explorado e humilhado pelas classes dominantes da época e continua, mesmo hoje em dia, assim considerado.

O gesto feito pela caricatura tem um símbolo fálico e pretende ser um insulto. Existe em alguns países com a mesma conotação.

1. Existe no seu país um gesto como "o manguito" ou outro gesto com o mesmo significado?

**6. Procure na Internet o significado dos seguintes gestos:**

- **vénia** • **genuflexão** • **beija-mão** • **fazer continência**

**7. Comente os seguintes gestos e diga em que país ou países podem ser feitos. Depois, responda à pergunta.**

1 _____

_____

2 _____

_____

3 _____

_____

1. No seu país alguma destas situações é considerada imprópria ou incorreta?

## 8. Leia os textos e responda às perguntas.

**Cumprimento formal** – habitualmente, aperta-se a mão a alguém que se conhece pela primeira vez ou a alguém que já conhecemos, se é um conhecimento formal. O aperto de mão deve ser firme e rápido. O aperto de mão demasiado leve, sem vigor, é considerado desagradável.

**Cumprimento informal** – o beijo ou os dois beijos, um em cada face, é um tipo de saudação que pode ser usada numa situação informal, entre família, amigos e conhecidos. Também se costuma cumprimentar alguém com beijos numa situação semiformal. Os portugueses gostam deste tipo de cumprimento, independentemente de ser entre homens e mulheres, só entre mulheres ou só entre homens, se pertencem à família (pais e filhos, avós e netos, etc.).

**Cumprimento muito informal, entre jovens** – este tipo de saudação, vulgarmente chamada "dá cá mais cinco", não é muito habitual em Portugal.

**Cumprimento informal** – o abraço é um cumprimento usado entre pessoas íntimas, amigos ou familiares.

**Cumprimento muito informal** – o abraço é usado, com frequência, entre amigos homens ou, mais frequentemente, dá-se apenas uma palmada nas costas.

1. Como se cumprimentam ou apresentam as pessoas no seu país?

Formal: _____

Informal: _____

2. Que tipo de cumprimento português não existe no seu país?

_____

## 9. Leia o texto e responda às perguntas.

### Adeus Beijinho

Já demos por perdido o aperto de mão. Foi logo das primeiras vítimas. O bacalhau. O "passou bem". A covid já levou. Séculos de cumprimentos leais com a mão desarmada, contratos de honra selados naquele gesto.

Mas, penso agora, foi-se também o beijo social. O "muá-muá, oláá, está boa?". Ou aquele momento em que todos – embora não se conhecessem, mas estivessem reunidos num jantar qualquer – tinham de se beijar simulando uma intimidade falsa e excessiva. Podiam não mais falar durante a noite, mas naquele introito em que todos se apresentavam era tudo corrido a beijinho (homens/mulheres). Pois, a covid levou. (...) Durante muitos anos, os americanos acharam que a persistência das nuances beijoqueiras na Europa era apenas uma estratégia para os confundir. (...) Sendo que o beijo tinha várias regras para os diferentes países do Sul da Europa e alguns do Norte. E ser beijo de bochecha--bochecha com leve toque ou um "beijo no ar"? O tal que se fica a um palmo da outra face e se faz o barulho deliberadamente falso de quem beija?

Estou para aqui a falar, mas cá em Portugal fiquei várias vezes de cara esticada à espera de um segundo beijo, mas era só um.

(...) Ora bem, volto a repetir. Veio março e veio abril de 2020. E o beijinho morreu. Vítima da covid. E é triste.

Luís Pedro Nunes, *Expresso Revista* (Texto com supressões)

1. Cumprimentar, apertando a mão à pessoa que saudamos, tem várias expressões em português. Quantas são mencionadas no texto?

2. Tendo em conta a tradição portuguesa de cumprimentar, considera um exagero que alguém sinta a falta dos beijinhos?

3. Embora o artigo esteja escrito em tom de brincadeira, acha que a alteração radical na forma de cumprimentar pode criar tristeza nas pessoas?

**10. Leia o texto sobre proxémica e observe as imagens. De seguida, responda às perguntas.**

Proxémica – O espaço pessoal ou zona de conforto pode ter variações culturais. Em determinados países, as pessoas podem estar mais próximas umas das outras fisicamente ou até tocar-se sem que isso traga desconforto. Noutros países, pelo contrário, as pessoas sentem-se terrivelmente desconfortáveis com a proximidade física inadequada.

**Espaço íntimo** – zona reservada para amantes, crianças e membros familiares muito próximos

**Espaço pessoal** – espaço reservado para amigos (cerca de 50 cm)

**Espaço social** – espaço reservado para colegas e pessoas conhecidas (cerca de 3 m)

**Espaço público** – área reservada para pessoas desconhecidas; distância entre público e artistas (mais de 3,5 m)

1. Sabe qual é a distância da zona de conforto no seu país?

2. No seu país, as pessoas amigas andam frequentemente de mãos dadas na rua?

3. No seu país, é comum as pessoas andarem de braço dado?

4. No seu país, os namorados ou casais beijam-se na rua?

**11. Leia o texto e faça o exercício proposto.**

### Vai e toca em alguém

De cultura para cultura variam, como sabemos, os códigos do toque. Quando a minha ex-mulher regressou à cidade inglesa onde nasceu e reencontrou os seus pais ao fim de uma ausência de dois anos, eles receberam-na com um sorriso feliz e uma saudação: "Que tal foi a viagem?", como se a filha apenas se tivesse ausentado por uma tarde. Eu e o meu companheiro, quando chegámos a Buenos Aires para que ele conhecesse a minha família, fomos recebidos por uma animada comitiva de 10 ou 20 parentes, desejosos todos de o abraçar, beijar e despentear-lhe o cabelo, ignorando alegremente todos os sinais para que se mantivessem do lado de lá da barreira dos costumes. O encontro entre um canadiano e um argentino dá origem a um exercício coreográfico interessante. À medida que o argentino se aproxima para abraçar o canadiano, este começa a recuar, e ambos dançam uma espécie de *pas de deux* ao longo do espaço, até que o canadiano é encurralado, costas contra a parede, ficando o argentino a agarrá-lo firmemente pelos braços sem o deixar sair dali.

(...) Culturas diferentes têm regras diferentes no que diz respeito ao contacto. No século XVIII, não se devia olhar diretamente para o rosto dos monarcas, tal como acontece com as mulheres em alguns cultos islâmicos. Não se pode dirigir a palavra a freiras que vivam em clausura. Os judeus ortodoxos não podem ser tocados por mulheres que não sejam da família, e os brâmanes da Índia não tocam em quem pertença à casta dos Intocáveis.

(...) No entanto, ver, falar e tocar são os instrumentos que usamos para comunicar uns com os outros: a linguagem consiste numa tessitura dos três. O modo como olhamos para alguém, o tom de voz com que nos dirigimos a essa pessoa, a que distância dela colocamos o nosso corpo, a mão ou o rosto contêm tanto (por vezes mais) significado como as palavras que usamos. Mas a pessoa que faz a abordagem e a pessoa que é abordada pode interpretar esse significado de modo radicalmente diferente.

Alberto Manguel, *Revista Expresso* (Texto com supressões)

1. Comente este texto de acordo com o tema abordado nesta unidade: A importância do toque físico na comunicação e os tabus culturais.

 **QUIZ CULTURAL**

**1. Responda às perguntas do quiz escolhendo a opção correta.**

**1.** Em que tipo de cumprimento/saudação não há toque físico?

**a)** Aperto de mão ☐

**b)** Continência ☐

**c)** Beija-mão ☐

**d)** Abraço ☐

**2.** Em qual destes cumprimentos as mãos não se tocam?

**a)** Passou-bem ☐

**b)** Aperto de mão ☐

**c)** "Apertar o bacalhau" ☐

**d)** Aceno ☐

**3.** Que tipo de cumprimento/saudação é considerado informal?

**a)** Vénia ☐

**b)** Genuflexão ☐

**c)** Palmada nas costas ☐

**d)** Beija-mão ☐

**4.** Qual destas afirmações está incorreta?

**a)** Espaço íntimo – sem distância definida ☐

**b)** Espaço social – cerca de 3 metros de distância ☐

**c)** Espaço pessoal – cerca de 2 metros de distância ☐

**d)** Espaço público – acima de 3,5 metros de distância ☐

 **GRAMÁTICA**

1. **Complete as frases com os verbos na forma correta.**

   **Exemplo:** O Pedro disse que se eu já **tivesse lido** aquele livro, ele emprestava-me outro.

   **1.** Comprei bilhetes para este filme, mas receava que já o _____ (ver).

   **2.** Se eles _____ (ler) a notícia, acho que não teriam viajado.

   **3.** Eu disse-te que não podias sair até que _____ (fazer) os trabalhos de casa.

   **4.** Embora já _____ (ler) o livro, podiam ver o filme.

   **5.** Eu desculpei-o não porque ele _____ (merecer), mas porque fui injusta.

   **6.** Para que nós _____ (ter) mais sucesso, deveríamos ter trabalhado mais.

   **7.** Nunca tinha visto um filme que me _____ (assustar) tanto.

   **8.** Por mais saudável que _____ (ser) a dieta, odiei fazê-la.

   **9.** Ele falava como se _____ (engolir) um dicionário. Que homem tão pomposo!

   **10.** O que quer que os miúdos _____ (ver), não contaram a ninguém.

2. **Complete as frases colocando o sujeito por cima do traço correto, antes ou depois do verbo.**

   **Exemplo:** Que pôr do sol tão lindo! _____ exclamou ____ele____

   **1.** Sofia, podias ler este livro e depois fazias o resumo para nós.

   – Nem sonhem! _____ leiam-no _____ (vocês)

   **2.** Que bom teres vindo! – _____ exclamou _____. (a Ana)

   **3.** _____ acabado _____, bebeu um copo de vinho. (o trabalho)

   **4.** O que _____ viu _____ que a assustou tanto? (a criança)

   **5.** Lá _____ está _____ a comer outra vez! Não resiste. (ela)

   **6.** O que é que _____ compraste _____ ontem? (tu)

   **7.** Então lá _____ vamos _____ outra vez ao ginásio! (nós)

   **8.** Meu Deus! _____ exclamou _____. Há um incêndio em casa. (a mulher)

## 3. Complete o texto com os verbos na forma correta.

Nem sempre as fotos que os pais _____ (considerar) mais queridas e inofensivas o são, na realidade, para os filhos. Ao _____ (crescer), os filhos podem considerar que as publicações os _____ (ridicularizar) ou, até, serem vítimas de *cyberbullying* por isso. Em Itália, a mãe de um jovem de 16 anos _____ (acusar), pelo próprio filho, de devassa da vida privada e _____ (condenar) pelo tribunal. A sentença obrigou a progenitora a retirar todas as imagens do filho por si publicadas nas redes sociais, assim como informações ou dados relativos ao adolescente. Se não _____ (cumprir) a ordem, o tribunal pode exigir-lhe uma multa de 10 mil euros.

O bom senso deve imperar antes de qualquer publicação. Há regras básicas que os pais devem seguir para garantir a segurança dos menores nas redes sociais:

- Nunca publicar fotos que _____ (expor) o corpo da criança (nuas, no banho ou de fraldas);

- Nunca publicar imagens das crianças em que _____ (ser) fácil identificar locais (como a sua morada ou a escola que frequenta);

- Selecionar bem as fotografias que publica, _____ (evitar) expor a criança ao ridículo;

- Limitar o acesso às fotos publicadas, por exemplo, _____ (criar) listas de amigos mais próximos;

- Evitar publicar fotos de alta resolução, mais fáceis de manipular e de utilizar;

- Se não _____ (querer) que as fotos das suas crianças _____ (ser) partilhadas, não _____ (hesitar) em pedir aos amigos para não as _____ (partilhar) e também não _____ (partilhar) fotos dos filhos dos outros.

https://deco.proteste.pt

## 4. Complete o texto usando as preposições da caixa, contraídas ou não com o artigo.

### de / para / em / por / com / a

Como se diz em bom português, "velhos são os trapos". Ser idoso não é, _____ definição, ser indefeso ou fraco.

Consta que um ladrão entrou _____ casa de uma senhora _____ oitenta e dois anos _____ a roubar.

Mas quem ficou surpreendido _____ assalto foi o ladrão, não a senhora, que pegou _____ mesa e bateu _____ ela no homem, levando-o a fugir _____ sete pés. O que o ladrão não podia saber era que a senhora _____ questão ia ao ginásio todos os dias _____ levantar pesos, o seu desporto _____ eleição.

– Tenho oitenta e dois anos, mas sou muito rija! – declarou ela _____ jornalistas que a entrevistaram.

**5. Faça a correspondência entre as expressões com a palavra *água* (1-9) e as frases (a-i).**

| | |
|---|---|
| **1.** São águas passadas | **a)** O negócio do senhor Lourenço não se concretizou. |
| **2.** Afogar-se em pouca água | **b)** O trabalho realizado pelo artista é realmente excelente. |
| **3.** Trazer água no bico | **c)** A Dona Ana aflige-se por pouca coisa. |
| **4.** Estar com água na boca | **d)** Deixa lá isso. Não vale a pena falar em coisas que não interessam. |
| **5.** Dar água pela barba | **e)** A proposta do Afonso deixou-me desconfiado. Acho que não é séria. |
| **6.** Ser de primeira água | **f)** Cheira tão bem. Isso abriu-me o apetite! |
| **7.** Ferver em pouca água | **g)** O Fábio tem mau feitio. Irrita-se por pouca coisa. |
| **8.** Ficar em águas de bacalhau | **h)** Este livro deu-me um trabalhão a finalizar. |
| **9.** Ir por água abaixo | **i)** O meu sonho de comprar a casa ficou em nada |

**6. Escolha a expressão correta para cada verbo.**

> a sua obrigação / um país / um papel / a capacidade / o seu raciocínio
>
> uma função / o pensamento / uma tarefa

**desempenhar** _____

**desenvolver** _____

## SUGESTÕES DE LEITURA

1. **Leia uma das obras propostas e complete a ficha de leitura, seguindo o modelo da Unidade 1.**

   Florbela Espanca – *Charneca em flor*

   Luís de Camões – *Sonetos*

   Mário Zambujal – *Crónica dos Bons Malandros*

2. **Procure um soneto sobre o tema "amor" de cada um dos poetas sugeridos e compare a forma como o amor é descrito.**

3. **Cada personagem do livro *Crónica dos Bons Malandros* é descrita em capítulos separados. Escolha uma das personagens e descreva-a.**

4. **Depois de ler o livro *Crónica dos Bons Malandros*, se estiver em Lisboa, visite no Museu Calouste Gulbenkian a coleção das joias René Lalique. Compare estas joias com a descrição feita no livro.**

5. **Veja uma das versões do filme *Crónica dos Bons Malandros* e faça a comparação com a obra literária.**

## EXPRESSÃO ESCRITA

1. **Comente o título da reportagem televisiva "Nas redes sociais, há quem faça carreira comercial a expor o quotidiano ou a vender o sonho de uma vida fantástica", partindo também das questões levantadas na citação abaixo.**

"É um negócio ainda mais rentável se incluir crianças, de preferência os próprios filhos. Que direito deve prevalecer nesta situação? O dos pais em decidir pelos filhos? Ou o direito dos menores ao anonimato e à privacidade?"

https://sicnoticias.pt

2. Escreva um poema de amor ou um texto com o título "O que é o amor" em cerca de 100 palavras.

3. Segue-se um texto que é, simultaneamente, uma mensagem com um recado e um poema. Escreva dois textos, de forma idêntica, com o título "Desculpa".

Desculpa, vou chegar tarde outra vez. Ontem foi a chuva, hoje é o trabalho. Se pudesse voar, estaria aí, já.

Desculpa

Vou chegar tarde

Outra vez.

Ontem foi a chuva

Hoje é o trabalho.

Se pudesse voar,

Estaria aí

Já.

 **ASPETOS CULTURAIS E INTERCULTURALIDADE**

**VALORES, CRENÇAS E ATITUDES NA SOCIEDADE PORTUGUESA**

**Objetivos: Desenvolver uma competência sociocultural na língua-alvo e uma competência intercultural, tendo em conta os valores, as crenças e as atitudes na sociedade portuguesa.**

1. Leia o texto e debata com os seus colegas o tema, tendo em conta os argumentos a favor e os argumentos contra.

**É necessário defender a família tradicional?**

Em Portugal, o número de divórcios não para de aumentar.

O compromisso que duas pessoas assumem quando dão o nó é quebrado com cada vez mais facilidade. O aparecimento de famílias monoparentais, de casais que vivem em união de facto, pondo de lado compromissos mais formais como o casamento, tem implicações positivas ou negativas na nossa sociedade?

As opiniões dividem-se: há quem ache que se deve defender a família tradicional; há quem diga que as novas famílias são tão válidas e funcionais como as outras.

**Argumentos pelo sim:**

- A família está na base da sociedade portuguesa, é a família que transmite valores, normas de comportamento e disciplina às novas gerações.

- O desaparecimento progressivo da família tradicional deixa os filhos sem uma referência sólida. Este fator pode ser um dos responsáveis pelos problemas da sociedade moderna, como a toxicodependência, a criminalidade, a violência nas escolas.

- O casamento é um contrato livremente aceite pelos esposos de viverem um com o outro até à morte, e isso deve ser respeitado.

- O divórcio é um mal das sociedades modernas e os filhos podem ficar traumatizados pela separação dos pais.

**Argumentos contra:**

- Hoje em dia, o casamento é mais um ritual que um sacramento, o que significa que perdeu a força, pois a sociedade evoluiu e libertou-se das imposições da Igreja.

- É melhor um divórcio do que um mau casamento.

- O divórcio e a união de facto são direitos dos portugueses, e o casamento para a vida é uma imposição da Igreja.

https://rtp.pt (Texto adaptado e com supressões)

**2. Leia o texto e responda às perguntas.**

**Religião em Portugal**

A população portuguesa é maioritariamente católica, devido sobretudo à tradição e às circunstâncias históricas que Portugal teve e viveu no passado. Os católicos, segundo os censos de 2011, compõem cerca de 81% da população portuguesa, conferindo, por isso, à Igreja Católica uma considerável influência junto da sociedade, embora agora não tanto como outrora.

Segundo um estudo realizado em 2005, cerca de 81% da população portuguesa indicou que "Acredita em Deus", cerca de 12% que "Acredita que existe alguma forma de espírito ou força da vida" e ainda cerca de 6% que "Não acredita que exista uma força divina, Deus ou força vital".

Embora a Igreja Católica, anteriormente a religião oficial e oficiosa de Portugal, e o Estado estivessem já separados por uma lei promulgada durante a Primeira República Portuguesa (1910-1926), esta Igreja, principalmente pelo grande número de católicos portugueses e por força do legado histórico e da tradição católica, continua a ter um peso relativo na sociedade e na cultura portuguesas, embora não tanto como outrora.

A Igreja Católica mantém também em funcionamento uma rede apreciável de assistência social, de saúde pública e de educação, não necessariamente de educação religiosa.

É ainda comum que em muitas cerimónias oficiais públicas, como inaugurações de edifícios ou eventos oficiais de Estado, haver a presença de um representante da Igreja Católica e da prática de atos religiosos católicos, como bênçãos ou missas. Em termos legais, a Igreja Católica tem ainda alguns antigos benefícios e privilégios específicos (que outras religiões não têm), consagrados atualmente na Concordata de 2004.

Apesar do declínio da religiosidade entre as camadas mais jovens e urbanas, a religiosidade católica continua ainda a marcar profundamente a tradição e a cultura portuguesas. Não raras vezes, esta religiosidade é exprimida em práticas populares e não oficiais da Igreja Católica, como por exemplo a devoção popular aos Santos e às diferentes invocações da Virgem Maria (em especial, a partir de 1917, à famosa Nossa Senhora de Fátima). Esta devoção popular exprime-se, além das orações, em procissões, romarias e peregrinações. Muitos destes atos religiosos são acompanhados por animadas festas e feiras populares tradicionais.

https://pt.wikipedia.org (Texto com supressões)

1. Qual é a religião oficial no seu país, no caso de haver alguma? Quais são as religiões mais representativas, além da oficial?

2. Alguns países exigem que as suas instituições sociais, políticas e culturais sejam absolutamente independentes de aspetos religiosos. Noutros países, as instituições assentam obrigatoriamente em princípios religiosos. Como é no seu país?

3. No seu país, os jovens são tão religiosos como a população mais envelhecida?

**3. Leia os dois textos e responda às perguntas.**

**Uma "objeção de consciência" que pode valer um chumbo de dois anos: a história dos alunos de Famalicão que não vão às aulas de Cidadania**

Tudo começou quando um encarregado de educação alegou "objeção de consciência" para impedir que os filhos frequentassem a disciplina de Cidadania e Desenvolvimento, por considerar que os tópicos lecionados são da competência familiar. A unidade curricular obrigatória aborda temas como igualdade e identidade de género, sexualidade, direitos humanos ou interculturalidade.

O encarregado de educação descreve os filhos como "bons cidadãos" e no início dos anos letivos informou a escola de que os jovens não iriam às aulas da referida disciplina. Acompanhou a decisão movendo dois processos, no Tribunal Administrativo e Fiscal de Braga, contra o Ministério da Educação.

https://expresso.pt (Texto adaptado)

**Objeção de consciência divide constitucionalistas**

Só quando "há razões fortíssimas" pode ser invocada. É um direito individual, mas o pai não pode ser objetor em nome de um menor. Questão não é pacífica.

Segundo a Constituição e a Lei de Bases da Educação, o Estado tem a obrigação de dar formação na Educação para a Cidadania e Desenvolvimento.

Dois constitucionalistas ouvidos pelo jornal *Público* têm posições diferentes sobre o direito de objeção de consciência.

Um advoga que "o Estado não pode programar a educação e a cultura segundo quaisquer diretrizes filosóficas, estéticas, políticas, ideológicas ou religiosas".

Outro defende que "Pode-se ter a liberdade de não concordar com os princípios constitucionais, os pais têm essa liberdade, mas o Estado tem obrigação de dar formação naqueles domínios".

https://publico.pt (Texto adaptado)

1. Na sua opinião, deve caber aos pais ou ao Estado zelar para que os jovens aprendam as bases da educação para a cidadania e o desenvolvimento?

2. Acha que o facto de a disciplina Cidadania e Desenvolvimento compreender temas como igualdade e identidade de género, sexualidade, direitos humanos ou interculturalidade leva alguns pais a não quererem que os filhos estejam em contacto com estes temas?

3. Na sua opinião, temas tais como os descritos na alínea anterior devem fazer parte da disciplina Cidadania e Desenvolvimento?

**4. Leia o texto e responda às perguntas.**

**Argumentos a favor e argumentos contra a obrigatoriedade de lecionar a disciplina de Cidadania e Desenvolvimento nas escolas**

**Quem subscreve o documento?**

Cerca de uma centena de personalidades, a maioria ligada à direita e a sectores conservadores da Igreja. A presidente da Associação Portuguesa de Famílias Numerosas sustenta que "cabe à escola ensinar e aos pais educar".

**De onde vieram as críticas ao manifesto?**

Várias personalidades da esquerda levantaram a voz contra o documento.

Ouvido pelo Expresso, Tiago Rolino, investigador do Centro de Estudos Sociais da Universidade de Coimbra, afirmou que o manifesto é "uma tentativa das forças de direita e extrema direita impedirem o avanço das liberdades e da defesa das diversidades e dos direitos humanos".

Nelson Marques, *Expresso* (Texto com supressões)

1. Comente a frase: "cabe à escola ensinar e aos pais educar."

2. Comente a frase: "uma tentativa das forças de direita e extrema direita impedirem o avanço das liberdades e da defesa das diversidades e dos direitos humanos."

**5. Leia o texto e responda às perguntas.**

**A importância da educação para a cidadania**

A Educação para a Cidadania surge atualmente como um elemento central na formação de crianças e jovens, que serão os futuros adultos de amanhã, e que se pretende que sejam cidadãos responsáveis, críticos, ativos e intervenientes na sociedade, munidos de conhecimento e informação.

A par disto, a Escola, enquanto instituição formadora, repensou e redefiniu os seus âmbitos de ação, de modo a enfrentar os desafios que se lhe colocam. Alguns desses desafios são, nomeadamente: a diversidade e o multiculturalismo, os fenómenos crescentes de exclusão social, a educação, a ecologia, o ambiente e o desenvolvimento sustentável.

Fundamentando-se nisso, a Educação para a Cidadania, que começa no 1.º Ciclo e termina no Secundário, pretende abordar temas como: Direitos Humanos, Igualdade de Género, Interculturalidade, Desenvolvimento Sustentável, Educação Ambiental, Saúde, Media, Instituições e Participação Democrática, Literacia Financeira e Educação para o Consumo, Sexualidade, Segurança Rodoviária, Empreendedorismo, Mundo do Trabalho, Risco, Segurança, Defesa e Paz, Bem-estar Animal, Voluntariado, entre outros temas que sejam diagnosticados pela escola.

https://apexa.org (Texto com supressões)

1. Comente a frase: "a Educação para a Cidadania surge atualmente como um elemento central na formação de crianças e jovens, que serão os futuros adultos de amanhã, e que se pretende que sejam cidadãos responsáveis, críticos, ativos e intervenientes na sociedade, munidos de conhecimento e informação."

2. "Alguns desses desafios são, nomeadamente: a diversidade e o multiculturalismo, os fenómenos crescentes de exclusão social, a educação, a ecologia, o ambiente e o desenvolvimento sustentável." Na sua opinião, podem estes temas ser fraturantes?

3. A Educação para a Cidadania e Desenvolvimento é ensinada nas escolas do seu país?

**6. Leia o texto e responda às perguntas.**

### O que nós queríamos e não queremos

Os portugueses são os melhores do mundo numa única coisa: na maneira de pedir. Num café ou restaurante, não se usam palavras genéricas (*garçon*, *waiter*) para chamar os empregados. Entra-se num delírio de embaraço respeitoso. É "Se faz favor…", "Olhe, desculpe…", "Não se importa?", "Quando puder…". Quando vem o empregado, rodeamos os nossos pedidos de dispositivos cerimoniais que são lindos, transformando-os em desejos hipotéticos. "Traga-me…", "Era capaz de me trazer…?", ou "Por acaso não me arranja…?" ou "Se me pudesse trazer…"

"Quero…" não só é malcriado e arrogante, como não é português. Um português diz sempre "Queria…". Este *queria* é maravilhoso, sendo uma mistura perfeita de melancolia delicada do pretérito imperfeito.

*Queria* é lindo por ser tão simples e económico. O pretérito imperfeito é sempre bonito. "Era um *whisky*, se faz favor!" é um clássico. O *era* tem algo de nostálgico…

Perguntar não ofende. É este o sentido do pedir português. Pedir é, já de si, ofensivo. É confiança a mais. Por isso é que os Portugueses que ainda o são, por muito que queiram uma coisa, nunca dizem *Quero*, porque dizem sempre, sem darem por isso, como se estivessem mesmo a pedir quase uma esmola, como quem suspira: "Queria…"

É tão bonito que até estraga um bocadinho pensarmos nisso.

Miguel Esteves Cardoso, *Explicações de Português*, Assírio e Alvim, 2001 (Com supressões)

1. Na sua língua materna existe a possibilidade de fazer um pedido usando o pretérito imperfeito? É usual haver tantas formas de fazer um pedido como em português?

2. Comente este texto.

**7. Leia o texto e responda às perguntas.**

### "Você" é estrebaria?

Sou filha de emigrantes, nasci na Venezuela e cresci rodeada de falantes de diferentes línguas e variedades de português. Vim viver para Portugal com 10 anos. À época, na minha cabeça havia duas formas de me dirigir às pessoas: "tu" para a minha mãe e pessoas mais chegadas e "você" para o meu pai e as pessoas mais velhas. Mas, para meu azar, em português não era assim tão simples e, de cada vez que ousava dirigir-me, por exemplo, a uma professora usando "você", invariavelmente ouvia por resposta "você é estrebaria!". Durante anos, tentei a duras penas descodificar o significado desta expressão. Que me lembre, ninguém me explicou como devia dirigir-me adequadamente às pessoas a quem devia deferência.

Penso que foi já bem crescidinha que percebi finalmente que, na dúvida, o menos arriscado é usar um título (e.g. "o senhor/a senhora dona/o sr. dr./o professor/o senhor agente, a senhora procuradora") e o verbo na terceira pessoa. Lembro-me de ter cometido muitos deslizes e passado outras tantas vergonhas, mas sempre atribuí esta falta de jeito à minha história de vida.

Hoje é frequente, na faculdade, alunos dirigirem-se a mim usando "você". Confesso que sinto um calafrio, que não denuncio, e procuro explicar a forma que me parece mais adequada de usar as formas de tratamento em português europeu, até porque defendo que cabe à escola veicular o padrão social adequado de uso da língua, i.e., a norma. Não lhes respondo "você é estrebaria", pois imagino que, como eu, muitos não perceberiam o idiomatismo. Olham-me com perplexidade quando começo a referir as tantas variáveis em questão na escolha da forma de tratamento adequada; alguns procuram ajustar o seu comportamento linguístico; outros, logo no instante seguinte, voltam a dirigir-se-me usando "você".

Há vários subsistemas de formas de tratamento em confronto na sociedade portuguesa atual. A instabilidade no uso de formas de tratamento acontece porque a sociedade portuguesa mudou muito e rapidamente nos últimos anos. A democratização política traduziu-se na construção de uma sociedade menos estratificada, de relações interpessoais menos rígidas. A norma linguística (que é o registo do poder) resiste e adapta-se a custo à mudança. Mas inevitavelmente tal acabará por acontecer e "você" (quem sabe?) deixará um dia de ser estrebaria.

Margarita Correia, *Diário de Notícias* (Texto com supressões)

1. O que significa a expressão "você é estrebaria" em relação às formas de tratamento em português?

2. Tem ou teve dificuldade em compreender as formas de tratamento no português europeu? Qual é a sua maior dificuldade?

3. Compare as formas de tratamento em português com as da sua língua materna.

## QUIZ CULTURAL

**1 Responda às perguntas do quiz escolhendo a opção correta.**

**1.** Qual das seguintes afirmações é falsa?

**a)** 81% da população portuguesa é católica. ☐

**b)** 12% da população portuguesa não acredita em Deus. ☐

**c)** A Igreja Católica goza de muitos privilégios em Portugal. ☐

**d)** Os jovens urbanos têm menos religiosidade. ☐

**2.** Qual das seguintes afirmações é verdadeira?

**a)** O Estado não pode obrigar os alunos a frequentar as aulas de Cidadania e Desenvolvimento. ☐

**b)** O Estado pode programar a educação e a cultura segundo diretrizes, ideológicas ou religiosas. ☐

**c)** Os pais podem sempre invocar "objeção de consciência" em relação às matérias escolares. ☐

**d)** O Estado tem a obrigação de dar formação em Educação para a Cidadania e Desenvolvimento. ☐

**3.** Qual destas formas de fazer um pedido é considerada a menos educada?

**a)** Traga-me... ☐

**b)** Era capaz de me trazer... ☐

**c)** Se me pudesse trazer... ☐

**d)** Quero... ☐

**4.** Qual das formas de tratamento é a menos adequada para se dirigir a alguém que não seja íntimo?

**a)** Sente-se, Dona Maria. ☐

**b)** Deseja um café, sr. Dr.? ☐

**c)** Já conhece o museu, professor? ☐

**d)** Você gostou do espetáculo? ☐

## GRAMÁTICA

**1. Complete as frases com os verbos na forma correta.**

> **Exemplo:** Enquanto não **tiverem provado** o peixe, não **poderão dizer** que não gostam.

**1.** Assim que os arquitetos _____ (analisar) o terreno, as obras poderão começar.

**2.** Quando _____ (descansar) o suficiente, irás sentir-te melhor.

**3.** Ana, logo que tiveres recebido notícias da tua irmã, _____ (ligar) ao João, por favor.

**4.** Vasco, _____ (avisar) o teu pai logo que os resultados do exame tiverem saído.

**5.** Se o tempo não _____ (melhorar) até ao fim de semana, não conseguiremos viajar.

**6.** Se já tiverem recebido esta mensagem, _____ (poder) ignorá-la.

**2. Complete o texto com os verbos na forma correta.**

Se ainda _____ (ter de esperar) muito pelo antienvelhecimento, os próximos anos _____ (viver) com o que temos. E isso não é animador.

É preciso dizer que o antienvelhecimento não é de agora. _____ (ser) um avanço de gerações, desde a melhoria dos cuidados de saúde até aos sistemas de proteção social. A manter-se este ritmo de aumento da esperança de vida, significa que as crianças nascidas nos últimos anos _____ (atingir) em grande proporção os 100 anos, mesmo sem medicamentos. No início do século xx, _____ (nós; morrer) perto dos 50 anos. Hoje, a média _____ (estabelecer-se) nos 79 para os homens e 84 para as mulheres.

Talvez se _____ (estar) mais preocupados em fortalecer os organismos em vez de tratar doenças isoladamente e procurar uma vacina para cada uma delas, a estratégia não _____ (ser) mal pensada.

E este não é um problema exclusivo de Portugal. Mesmo os países mais ricos estão a ter dificuldades em enfrentar as alterações demográficas, inclusive em modelos em que a geriatria é a segunda especialidade mais importante.

**3. Complete o texto usando as preposições ou locuções prepositivas da caixa, contraídas ou não com o artigo.**

> debaixo de / em / por / com / a / de

É costume ouvir dizer de alguém que se dá mal com outra pessoa que "é como cão e gato". Pois bem, a história que se segue mostra-nos que nem sempre é assim.

Este caso passou-se _____ Canadá. Foi encontrada uma cadela _____ beira _____ uma estrada. Não se sabe se estava perdida ou se foi abandonada _____ alguém, mas o mais estranho é que a cadela aconchegava _____ (ela) cinco gatinhos também abandonados, protegendo-os, assim, _____ frio. Foram todos resgatados _____ uma associação de proteção de animais. Os gatinhos estão bem na casa de uma família. Agora espera- -se _____ alguém que queira adotar a cadela, _____ preferência uma família que tenha gatos, já que esta cadela se dá tão bem _____ os pequenos felinos.

**4. Faça a correspondência entre as expressões com a palavra *boca* (1-7) e as frases (a-h).**

| | |
|---|---|
| **1.** à boca pequena | **a)** O Pedrinho denunciou os amigos que pintaram a parede da escola. |
| **2.** não abrir a boca | **b)** O Azevedo não disse nada durante toda a festa. |
| **3.** pôr a boca no trombone | **c)** O ladrão foi apanhado em flagrante pela polícia. |
| **4.** com a boca na botija | **d)** Dizem em segredo que eles estão arruinados. |
| **5.** ficar de boca aberta | **e)** O filho da Maria come muito bem. Gosta de tudo. |
| **6.** andar de boca em boca | **f)** Quando o Zé entrou em casa fiquei tão surpreendida! |
| **7.** ter boa boca | **g)** Este miúdo não gosta de nada! Não sei o que lhe hei de cozinhar. |
| **8.** ter má boca | **h)** O despedimento do diretor circula por toda a empresa. |

**5. Escolha a expressão correta para cada verbo.**

> um freguês / um nó / um trabalho / a mercadoria / dúvidas / a cama /
>
> o ministro / um acordo

desfazer _____       despachar _____

_____       _____

_____       _____

_____       _____

## SUGESTÕES DE LEITURA

Miguel Esteves Cardoso – *A Causa das Coisas*

Dulce Maria Cardoso – *Eliete*

**1. Escolha e resuma um tema do livro *A Causa das Coisas* que, na sua opinião, reflita melhor um aspeto cultural português.**

**2. Descreva, em traços gerais, uma das personagens do livro *Eliete*.**

## EXPRESSÃO ESCRITA

**1. Leia os excertos apresentados e escreva textos de opinião com cerca de 180-220 palavras.**

"Ainda que me doesse muito a inacessibilidade da avó, não conseguia adotar a técnica de alguns familiares dos residentes, que falavam com os seus velhos como se estes fossem crianças, como se estivessem a acompanhá-los no doloroso retorno à infância."

Dulce Maria Cardoso, *Eliete*

"A honestidade é a morte do encantamento. Bem utilizada, a mentira criativa chega ao ponto de convencer o próprio 'mentidor'. Uma mentirazinha que vá contra a razão 'Era capaz de morrer por ti', por exemplo…"

Miguel Esteves Cardoso, 'Piropo', A Causa das Coisas

"Dentre todos os piropos, o mais lindo (e mais português) é o piropo que se dirige a uma rapariga bonita. Não é um piropo que procura obter algo em troca – não é o piropo interesseiro do engate – é o piropo desinteressado."

Miguel Esteves Cardoso, 'Piropo', A Causa das Coisas

## ASPETOS CULTURAIS E INTERCULTURALIDADE

### RITUAIS NA ALIMENTAÇÃO

**Objetivos: Conhecer a importância de rituais ligados à alimentação; identificar a importância dos rituais alimentares na coesão da estrutura familiar e social.**

**1. Leia o texto e responda às perguntas.**

### A história por detrás de algumas tradições gastronómicas: o bacalhau

O consumo de peixe, em Portugal como nas outras sociedades europeias, está associado a motivações de ordem religiosa. O cristianismo impunha, como penitência, jejuns e a abstinência da carne e das gorduras animais numa boa parte do ano, o que tornava obrigatório o recurso ao peixe para escapar a uma alimentação inteiramente vegetal. Havia que o importar, como sucedia com a sardinha, abundante em toda a costa, mais acessível e transportada salgada, mas que não chegava para as necessidades da procura. Há que ver, também, que o bacalhau, uma vez curado adequadamente, teria uma maior capacidade de conservação. Além disso, há um grande aproveitamento do seu corpo: das cabeças e da língua (em salmoura), dos sames – ou samos, a bexiga natatória – e do fígado, fonte de óleo saudável e de pequenos traumas infantis ligados à sua ingestão compulsiva.

Ao longo de séculos, o bacalhau transformou-se de simples género alimentar em símbolo da identidade portuguesa; de comida socialmente conotada com situações de abstinência, e mesmo própria de pobres, em alimento caro e prestigiado no campo gastronómico.

O bacalhau seria mais consumido pelos citadinos e pelo proletariado industrial e menos pelos agricultores pobres, que também o comeriam, mas de forma pouco representativa em termos de quantidade. No Algarve quase não se comia bacalhau, mas, em contrapartida, consumia-se bastante peixe produzido localmente. Note-se, entretanto, que, embora o peixe visse aumentar o seu consumo entre 2003 e 2008, o bacalhau viu-o diminuir nesse período em 20%, devido ao aumento de preços (INE 2010).

Para entendermos o papel que o bacalhau – e outros alimentos, como o azeite ou o vinho – desempenha como marcador de identidade, temos de ter em conta os contributos das abordagens recentes que insistem na dimensão memorativa, ritual e sinestésica da comida do país de origem, ou no modo como o seu consumo faz parte da "nostalgia culinária", definida como "a reminiscência ou evocação intencional de um outro tempo e lugar através da comida". Como já se observou, a comida possui um enorme poder para conferir poder simbólico aos indivíduos e grupos sociais, através de dois dispositivos interligados: "Primeiro, a comida é *corporificada* em cada indivíduo e opera, por conseguinte, como uma *metonímia* ao ser incorporada como parte do eu [*self*]. Depois, a comida tem sido historicamente consumida por um grupo social. Este consumo comunal torna, por conseguinte, a comida uma *metáfora* do 'nós' – o grupo social e, frequentemente, o povo como um todo. Esta dupla ligação – a metáfora sublinhada pela metonímia – faz das comidas um símbolo poderoso do eu coletivo não apenas ao nível conceptual, mas também *ao nível das vísceras.*"

Por outras palavras, para compreendermos como o bacalhau se tornou português, temos de ter em consideração os processos de lenta habituação a este alimento em que a maioria foi socializada ao longo de séculos, e também o facto de ele ser comida festiva, tanto nos rituais mais ou menos opulentos do Natal, como nas refeições dos grupos que não o consumiam no quotidiano e que, por isso, viam nele algo de festivo, a apetecida proteína animal que permitia variar uma dieta pobre à base de produtos agrícolas.

Ernesto Veiga de Oliveira, *O "fiel amigo": o bacalhau e a identidade portuguesa,* disponível em: https://doi.org/10.4000/etnografica.3252
(Texto adaptado e com supressões)

1. Procure na Internet vídeos que ilustrem a pesca do bacalhau e preencha o quadro com as informações pedidas.

| | |
|---|---|
| Onde se pescava o bacalhau? | |
| Que países faziam concorrência a Portugal na pesca do bacalhau? | |
| Quais eram os maiores desafios que os pescadores enfrentavam? | |
| Como era conservado o peixe que pescavam? | |

2. No seu país, há algum prato representativo da identidade cultural? Conte a história por detrás dessa tradição.

3. Em Portugal, chamava-se ao bacalhau "o fiel amigo". Qual seria a razão para esta designação?

4. Com os mesmos ingredientes é possível fazer muitas receitas diferentes de pratos de bacalhau, por exemplo, bacalhau à Brás, bacalhau à Gomes de Sá, bacalhau com todos, pastéis de bacalhau, bacalhau espiritual, etc. Pesquise uma receita portuguesa de bacalhau e descreva-a no quadro.

| Ingredientes-base: bacalhau, batatas, ovos, cebolas, alhos, azeite | Preparação: |
|---|---|

**2. Leia o texto e responda às perguntas.**

### A história por detrás de algumas tradições gastronómicas: o pão

Entre os alimentos, o pão tem um papel central, sendo também ele diferenciador de classes e status. Contudo, o pão foi sempre um alimento que atravessou as diferenças. Foi sempre a base de toda a ordem alimentar para ricos e pobres, tanto em meio rural como urbano, se bem que em algumas épocas assuma uma centralidade maior devido à dificuldade em aceder a outro tipo de alimentos. Alimento de suporte de grande parte das dietas alimentares de diferentes civilizações, o pão tem uma história muito antiga, sendo possível encontrar referências desde o neolítico. Além disso, o pão simboliza tanto o alimento essencial da humanidade como o elemento de comunicação com o divino, função sagrada que expressa a sua importância no quotidiano das pessoas. Não é por acaso que na religião cristã constitui o corpo de Cristo. Mas o seu papel simbólico leva-o mesmo a assumir significados relevantes para além da religião e é referido como o principal argumento da recompensa pelo trabalho realizado, como podemos perceber na expressão "ganharás o pão com o suor do teu rosto", quando no livro do Génesis se menciona a necessidade de trabalhar para viver. Por sua vez, no âmbito económico, o grão constituiu, durante séculos, o verdadeiro valor monetário nas operações económicas. Tributos, rendas, foros, etc., exprimiam-se quase sempre em alqueires, moios, carros de pão, ou pães cozidos e só muito raramente em dinheiro. Falar de pão é outra forma de interpretar a História. Cada país tem a sua história, cada terra tem o seu pão.

Ao pão estão associadas outras formas de alimentação: o Caldo a norte do Tejo, normalmente casado com pão partido à força de mão; as Migas e a Açorda a sul do Tejo, em que o pão sofre outras cozeduras e transformações; ao Xerém algarvio, que usa a farinha de milho para agregar alguns produtos de origem animal (carne e bivalves) e que era confecionado com grãos de milho seco quebrados no pilão, cozidos em água e sal. A estas sopas há que juntar as de Cavalo Cansado, que muitas vezes serviram de mata-bicho e para enganar a fome a uma população mal remediada que tinha na sua força de trabalho o ganha-pão. Assim, com pão se ganhava o pão.

São diversas as festas de cariz religioso que hoje têm no pão a sua principal referência. É o caso da Festa dos Tabuleiros ou Festa do Divino Espírito Santo, ex-líbris turístico de terras de Alto Tejo, muitas delas com origem nas festas de colheitas. Também as Festas da Ascensão (dia da Espiga) são festas alusivas ao pão em muitas terras portuguesas, em associação direta com a Páscoa. Associado ao 1.º de novembro, quando as crianças saem à rua e em pequenos grupos pedem, de porta em porta, o pão-por-deus.

Norberto Santos e Lúcio Cunha, "Trunfos de uma geografia ativa: desenvolvimento local, ambiente, ordenamento, tecnologia", disponível em: https://estudogeral.sib.uc.pt (Texto adaptado e com supressões)

1. No seu país, o pão é um alimento central na gastronomia? Há algum outro alimento que ocupe o lugar de destaque que o pão ocupa em Portugal?

2. Em Portugal, os cereais mais usados na confeção do pão são: trigo, centeio, milho. E no seu país, qual é o cereal mais usado?

3. Pesquise na Internet o significado da Festa dos Tabuleiros de Tomar e a sua relação com o pão e escreva um resumo da festa.

4. Pesquise na Internet o significado da Festa do Pão-por-Deus no dia 1 de novembro e escreva um resumo desta tradição.

5. Com o pão como ingrediente-base é possível confecionar muitas receitas diferentes, como: sopa alentejana, açordas diversas com carne, peixe ou marisco, migas, torricado e, claro, sobremesas deliciosas, por exemplo, rabanadas, fatias douradas com vinho do Porto, pudim de pão, sopa dourada, etc.

Escolha uma destas receitas, doce ou salgada, e partilhe-a com os seus colegas.

Pão

Preparação:

## QUIZ CULTURAL

**1** **Responda às perguntas do quiz escolhendo a opção correta.**

**1.** Qual das afirmações é correta?

**a)** As pessoas comiam peixe porque a carne era muito cara. ☐

**b)** Só as pessoas religiosas comiam peixe. ☐

**c)** Em Portugal, o bacalhau é o prato representativo do Natal. ☐

**d)** Os pratos tradicionais de bacalhau são feitos com o peixe fresco. ☐

**2.** Qual das afirmações é incorreta?

**a)** O pão era alimento para os cavalos cansados. ☐

**b)** O pão tem uma simbologia religiosa. ☐

**c)** Antigamente, o pão ou os cereais serviam como moeda de pagamento. ☐

**d)** Várias festas religiosas têm o pão como referência. ☐

**3.** Qual das seguintes expressões significa "sem rodeios; claramente"?

**a)** Comer o pão que o diabo amassou. ☐

**b)** Em casa onde não há pão, todos ralham e ninguém tem razão. ☐

**c)** Ganhar o pão com o suor do seu rosto. ☐

**d)** Pão, pão, queijo, queijo. ☐

**4.** De todos os pratos mencionados, qual não tem pão na sua confeção?

**a)** Pão de ló ☐

**b)** Migas ☐

**c)** Açorda ☐

**d)** Ensopado ☐

## GRAMÁTICA

**1.** Assinale no quadro de forma a classificar as frases de acordo com o grupo a que pertencem.

| | Ação no futuro, anterior a outra ação futura | Dúvida sobre um facto passado | Incerteza sobre um facto |
|---|---|---|---|
| **1.** Mudei de casaco. **Terei esquecido** as chaves no outro bolso? | | | |
| **2.** Na próxima semana, acho que já **terei acabado** o relatório antes do seminário. | | | |
| **3.** Será que ontem o médico **terá chegado** a horas? | | | |
| **4.** Os bombeiros **terão assistido** o ferido no local do acidente. | | | |
| **5.** Os manifestantes **terão gritado** palavras duras contra o Ministro. | | | |

**2.** Substitua as palavras sublinhadas pelo pronome correspondente.

> **Exemplo:** Os bombeiros terão assistido o ferido no local do acidente.
>
> Os bombeiros **tê-lo-ão** assistido no local do acidente.

**1.** Terei avisado o João do corte de energia?

_____

**2.** Terei dito à Maria para não chegar atrasada?

_____

**3.** Os manifestantes terão destruído algumas montras.

_____

**4.** A minha avó terá comprado (a mim) o livro que eu queria?

_____

**5.** Segundo consta, os pais terão oferecido carros de luxo aos dois filhos.

_____

**3. Complete o texto com os verbos na forma correta.**

– Não pode ser – disse o senhor Sousa ao filho, o Ernestinho de oito anos.

– Mas, papá, eu vejo nos filmes. Todos têm – afirmou a criança, à procura de uma salvação para aquilo que lhe _____ (parecer) um desejo certo.

– Onde é que já se _____ (ver) um leão em casa? Só nessas fitas idiotas. E, além disso, o menino não vê que não há espaço? Para a semana arranjo-lhe um gato bonito, daqueles que bebem leitinho e _____ (fazer) miau.

O Ernestinho _____ (desistir) de convencer o pai. Para quê? Era um homem com bigode, sempre a explicar o que não era preciso. Nem sequer _____ (perceber) de leões.

_____ (sentar-se) no chão a pensar. Com certeza que _____ (dever) haver um leão ali em casa! Não era a vassoura atrás da porta, nem a larga cadeira da mãe dormir aos domingos, nem sequer o embrulho do lixo à espera de _____ (deitar) fora. Foi investigar, toda a gente sabe que os leões estão onde menos se _____ (esperar).

Na cozinha, lá no fundo, estava o caixote vazio que _____ (trazer) as compras da Cooperativa. O Ernestinho pousou-lhe a mão, acariciou-o com ternura e um certo receio. O caixote _____ (rugir) e sacudiu a areia amarela e antiga que lhe _____ (aquecer) a juba. O menino puxou-o ao de leve, como quem _____ (ensinar) e acompanha, e o caixote seguiu-o, _____ (pisar) firme.

O Ernestinho sentou-se no chão da sala. Entre o sofá e a mesinha da televisão o caixote ficava mesmo bem, confortável, como na caverna onde _____ (nascer) e _____ (dar) o primeiro rugido.

– Agora vamos caçar, Baluba – explicou o Ernestinho ao caixote.

Mário-Henrique Leiria, *Contos do Gin-Tonic*, 2.ª edição, Lisboa, Editorial Estampa, (1973)

**4. Assinale as frases que expressam um maior grau de incerteza.**

| | Maior grau de incerteza |
|---|---|
| Como não vi a Maria durante toda a tarde, perguntei-me se ela **teria ido** visitar a avó. | |
| Como não vi a Maria durante toda a tarde, pergunto-me se ela **terá ido** visitar a avó. | |
| De acordo com os factos apurados, a aeronave **ter-se-á despenhado** durante a tempestade. | |
| De acordo com os factos apurados, a aeronave **ter-se-ia despenhado** durante a tempestade. | |
| Segundo o relatório da polícia, o condutor **teria adormecido** ao volante do seu automóvel. | |
| Segundo o relatório da polícia, o condutor **terá adormecido** ao volante do seu automóvel. | |

**5. Complete o texto usando as preposições ou locuções prepositivas da caixa.**

**dentro de / para / sem / por / com / a**

Este caso foi narrado _____ um jornal norte-americano. Uma noite,

duas amigas resolveram sair de casa _____ a autorização dos pais.

Foram _____ uma festa e voltaram muito tarde _____ casa.

Quando chegaram, verificaram que não tinham a chave _____ entrar.

Talvez _____ a ajuda de algum copo a mais, uma delas decidiu entrar em

casa _____ chaminé. E se bem o pensou, melhor o fez. O problema é que a chaminé estava bloqueada

em baixo, talvez para evitar algum intruso mais atrevido. A rapariga ficou presa _____ chaminé e não teve

outra solução senão telefonar _____ o número de emergência.

Os bombeiros salvaram a jovem, que saiu desta aventura _____ qualquer ferimento físico. No entanto,

toda a família e o bairro inteiro ficaram a par _____ escape noturno das duas meninas.

Talvez a jovem estivesse a treinar _____ substituir o Pai Natal. Descer _____ chaminé não é

para qualquer um!

**6. O verbo *levar* pode ter múltiplos significados. Substitua o verbo *levar* pelos sinónimos da caixa mais adequados a cada frase fazendo as alterações necessárias.**

**roubar / ofender-se / sentir / transportar / transmitir / afastar / lidar (habilmente)**

**1.** A funcionária (levou) _____ as encomendas para os Correios.

**2.** A avó (levou) _____ a criança chorosa da sala.

**3.** Podes (levar) _____ um recado ao tio?

**4.** "Quem parte (leva) _____ saudades. Quem fica saudades tem."

**5.** Ele é muito hábil a (levar) _____ as pessoas.

**6.** Os gatunos (levaram) _____ as joias e a carteira da senhora.

**7.** Não (me leves a mal) _____, mas estás muito mais gordo!

**7. Faça a correspondência entre as expressões com a palavra *braço* (1-7) e as frases (a-g).**

| | |
|---|---|
| **1.** ser o braço direito de alguém | **a)** Ela acolheu a família com enorme alegria. |
| **2.** estar a braços com | **b)** O Jorge está em luta com uma enfermidade terrível. |
| **3.** cruzar os braços | **c)** Se é preciso trabalhar, a Ana não se furta ao trabalho. |
| **4.** dar o braço a torcer | **d)** O Pedro é a pessoa mais dedicada aos negócios do avô. |
| **5.** não dar o braço a torcer | **e)** Os empregados foram intransigentes nas negociações com a direção. |
| **6.** fazer braço de ferro | **f)** Depois de muitas negociações, eles lá se deram por vencidos. |
| **7.** abrir os braços a | **g)** Por mais que eu tenha insistido, a Sara continuou a insistir na sua opinião. |

## SUGESTÕES DE LEITURA

Mário de Carvalho – *Casos do Beco das Sardinheiras*

Mário-Henrique Leiria – *Contos do Gin-Tonic*

**1. Escolha um dos contos do livro *Casos do Beco das Sardinheiras*, faça o levantamento das expressões populares/calão que encontrar e pesquise o seu significado.**

| NOME DO CONTO/EXPRESSÕES POPULARES/CALÃO | SIGNIFICADO DAS EXPRESSÕES |
|---|---|
| | |
| | |
| | |
| | |

**2. Escreva em cerca de 180 palavras um comentário ao conto "Profissão é Profissão", do livro *Contos do Gin--Tonic*, de Mário-Henrique Leiria.**

## EXPRESSÃO ESCRITA

1. Imagine em cerca de 100 palavras outro final para o conto "O menino e o caixote", do livro *Contos do Gin--Tonic*, de Mário-Henrique Leiria.

2. Imagine uma continuação para a frase seguinte em cerca de 180-200 palavras: "No dia cinco de fevereiro chovia logo pela manhã e a atmosfera fria e húmida, toda em cinzentos pastosos com laivos de azul macerado, colava-se à pele das pessoas e envolvia-as numa espécie de nebulosa que dava uma sensação confusa de proteção e isolamento." (Teresa Veiga, *Cidade Infecta*)

3. Escreva um pequeno conto que tenha como pano de fundo um bairro tradicional da sua cidade.

## ASPETOS CULTURAIS E INTERCULTURALIDADE

### SOCIALIZAÇÃO NO CICLO DE VIDA

**Objetivos: Conhecer a importância que os rituais desempenham no ciclo de vida; reconhecer alguns rituais da sociedade portuguesa.**

1. Leia o texto e responda às perguntas.

**Rituais de passagem**

O que é um ritual de passagem?

Podemos dizer que os rituais constituem as lentes pelas quais podemos ver e vivenciar as nossas ligações emocionais com os nossos familiares, amigos, colegas e com a comunidade em geral. Eles providenciam um enquadramento para as nossas expetativas individuais e coletivas. Os rituais dão-nos o espaço necessário para explorar o significado das nossas vidas e para reconstruir as nossas relações dentro e fora da família.

$\triangleright$

Enquanto a maioria das celebrações se repetem ano após ano (Natal, fim de ano, festas religiosas ou seculares, aniversários), os rituais ligados ao ciclo de vida familiar normalmente só acontecem uma vez na vida. Estes rituais interligam as pessoas em relação ao percurso de um ser humano desde o nascimento até à sua morte. Trata-se, no fundo, de rituais de passagem religiosos, ou não, como: o nascimento, o batizado, a entrada na faculdade (a praxe), a finalização de exames como a bênção das fitas, a queima das fitas, o casamento, o funeral.

Uma das funções mais poderosas dos rituais reside na sua capacidade não só de enunciar uma mudança, mas também de criar mudanças. Podemos afirmar que os rituais geram a mudança de forma segura, aliviando em muito a ansiedade associada a tais transformações. Aqui reside o seu verdadeiro valor terapêutico.

Wolfgang Lind, *Cidade Solidária*, 2004 (Texto com supressões)

O Carnaval de Podence é considerado um ritual de passagem.

1. Que tipo de rituais religiosos ou culturais específicos são importantes para si?

2. Que tipo de comidas, bebidas, música acompanham esses rituais?

3. No seu país, qual é a festa mais significativa para a identidade cultural?

**2. Leia os textos e responda às perguntas.**

**O fim de um ciclo (a queima das fitas)**

**Covid-19: ser finalista e não ter direito a fechar um ciclo e festejar**

O período de pandemia veio ditar o cancelamento das celebrações dos alunos que terminam ciclos do seu percurso académico.

Planos, muitos planos para o final do ano letivo que agora se avizinha. Margarida, finalista do Ensino Básico, sonhou com a viagem, o baile e tinha planos para o verão com os amigos. Já Henrique deixou a cartola, a bengala, o laço e as fitas na loja e terminou o seu curso superior sem direito a festejos, em vez disso viu o Orfeão Universitário do Porto *online*, sentado em frente ao computador. Mas a pandemia da covid-19 não obrigou apenas estes finalistas a ficar com a vida em suspenso. Todos os finais de ciclo, do pré-escolar ao superior, são assinalados com celebrações, de modo a que se fechem portas, a que se ajude — sobretudo os mais pequenos — a compreender a mudança, o crescimento e a evolução.

"Sinto-me triste, frustrada, revoltada. Sinto muita coisa ao mesmo tempo", resume Júlia Botelho, 20 anos, finalista do curso de Psicologia, na Universidade dos Açores. A estudante micaelense refere que a participação na Bênção das Pastas seria um dos pontos altos da semana. Henrique Tomé, 20 anos, finalista do curso de Ciências da Comunicação da Faculdade de Letras da Universidade do Porto, fala num sentimento de alguma estranheza e tristeza, mas, ao mesmo tempo, de muita união. Todos os anos, os estudantes percorrem a baixa da cidade em celebração, mas, este ano "isso acabou por ficar perdido".

Estes rituais também são importantes para os mais novos. As festas de finalistas no ensino pré-escolar servem não só para memória dos pais, mas também para "uma melhor adaptação dos filhos a um novo contexto, porque percebem melhor que existe uma transição", explica a vice-presidente da OPP. Já na passagem do 4.º para o 5.º ano há, por exemplo, a alteração da monodocência para um sistema com mais professores, o que pode acarretar alguma ansiedade.

### Adiar a festa

"Apesar de podermos participar no cortejo do próximo ano, seria completamente diferente", lamenta Henrique, o finalista de Comunicação do Porto. Também para Júlia estes momentos, que são meramente simbólicos, fazem falta para o encerrar de capítulos. "Não é por não haver cortejo que não acabo a licenciatura, mas psicologicamente faz muita diferença. É um marco em que as pessoas se despedem de uma fase da sua vida juntamente com quem a viveram", justifica Henrique. "Todo o percurso da licenciatura não foi fácil para mim e esta semana académica representava o atingir de um objetivo juntamente com quem me acompanhou desde o início", refere a estudante açoriana.

A cartola, bengala, laço e fitas do portuense ficaram na loja. "Nem o *kit* de finalista tenho e só vou comprar quando se justificar", conta. As fitas de Júlia também ficaram na gaveta. "Eu não consegui distribuir nem metade das que queria", conta entre um riso frustrado. "Tudo isto foi muito repentino e sinto que há colegas que eu não vou voltar a ver", suspira.

Já a estudante açoriana revela que o sentimento de tristeza é comum entre os seus amigos. Entre os planos para a semana académica estaria o baile e dentro do guarda-roupa está a recordação do que não vai viver: "Já tinha o vestido comprado. Agora está aí fechado." E para o ano? "Só se fosse para usar o vestido!" Júlia defende que "não seria a mesma coisa" e acrescenta numa voz triste: "A minha oportunidade já passou."

A psicóloga Sofia Ramalho lembra que estas celebrações podem ser feitas mais tarde e isso pode ajudar a atenuar o sentimento de perda a quem parece que foi retirado um momento importante do seu período académico. Porém, admite que "se a celebração ocorrer mais à frente, já se vai misturar com a nova etapa em que a pessoa se encontra e já não vai significar o mesmo".

Hugo Moreira, *Público* (Com supressões)

1. Com base na leitura dos textos anteriores explique por que razão os estudantes se sentem tão defraudados por não poderem festejar o fim do ano letivo.

2. No seu país, como celebram o fim do curso universitário?

3. É usual também festejarem o fim dos ciclos no Infantário ou na Escola Básica?

## 3. Leia o texto e responda às perguntas.

Rachel Chapman foi a *babysitter*, durante um ano, de Curtis, um menino de sete anos.

A jovem, que frequenta o 12.º ano, viu-se impedida de assinalar o seu ano de finalista, devido à pandemia da Covid-19, e o rapaz decidiu surpreendê-la.

Curtis organizou um baile de finalistas para a sua ama, o qual incluiu um jantar a dois, as músicas e flores preferidas da jovem, e muita dança.

A cerimónia foi organizada pela mãe de Curtis, que se aprumou em organizar uma festa onde se garantiu a distância de segurança entre todos os participantes.

Rachel começou a cuidar de Curtis há cerca de um ano, altura em que os pais do rapaz precisaram da ajuda de alguém que pudesse ir buscar o filho à escola e levá-lo às suas lições de piano. A ligação entre os dois fortaleceu-se, mas com a chegada da Covid-19, os dois tiveram de se afastar.

Curtis soube que, à semelhança do que acontece por todo o país, o baile de finalistas de Rachel fora cancelado e decidiu surpreendê-la.

https://noticiasaominuto.com (Texto adaptado)

1. Comente a atitude de Curtis e da família dele.

2. Qual é a importância de um Baile de Finalistas no fim do Secundário?

3. No seu país, organizam Baile de Finalistas no fim do Secundário? Conte como festejam.

 **QUIZ CULTURAL**

**1. Responda às perguntas do quiz escolhendo a opção correta.**

**1.** Qual das seguintes afirmações é falsa?

**a)** Os rituais de passagem ajudam-nos a reconstruir as nossas relações dentro e fora da família. ☐

**b)** O funeral é considerado um ritual de passagem. ☐

**c)** Os rituais ajudam a gerir a ansiedade associada a mudanças na nossa vida. ☐

**d)** Cada ritual de passagem acontece frequentemente na nossa vida. ☐

**2.** Qual das seguintes afirmações é falsa?

**a)** Os rituais de passagem ajudam a criar mudanças. ☐

**b)** Os rituais de passagem nunca são religiosos. ☐

**c)** O Carnaval de Podence é um ritual de passagem. ☐

**d)** A praxe académica é um ritual de passagem. ☐

**3.** Qual destas situações se pode considerar um ritual de passagem?

**a)** Festa de aniversário ☐

**b)** Festa de Natal ☐

**c)** Festa de fim de ano ☐

**d)** Batizado ☐

**4.** Qual das seguintes afirmações é falsa?

**a)** A cartola, a bengala e as fitas são objetos simbólicos das festas dos finalistas. ☐

**b)** Hoje em dia, até as crianças celebram os fins dos ciclos escolares. ☐

**c)** Celebrar o fim do curso depois da pandemia tem o mesmo significado que celebrar quando acaba o curso. ☐

**d)** As festas do fim do curso simbolizam o fim de um percurso e a passagem para uma nova etapa de vida. ☐

## GRAMÁTICA

1. **Transforme as frases em orações gerundivas.**

> **Exemplo: Se estudares** muito, consegues um bom resultado no exame. = **Estudando muito**, consegues um bom resultado no exame.

**1.** Como estava cansado, descalçou os sapatos e deitou-se no sofá.

_____

**2.** Se te deitares mais cedo, descansas mais.

_____

**3.** Embora ele estudasse muitíssimo, não conseguiu a média que ambicionava.

_____

**4.** O rapaz parava em frente da pastelaria e olhava a montra carregada de bolos.

_____

**5.** Quando ganhar a lotaria, compro um carro.

_____

2. **Complete o texto com os verbos na forma correta.**

O médico _____ (ir embora), a avó adormecera, a mamã deambulava, _____ (inspecionar) o estado dos outros doentes que se acumulavam por ali, e eu fiquei sem saber o que fazer. Custava-me que a avó _____ (acordar) num sítio desconhecido com pessoas desconhecidas e que não me _____ (ver) junto dela, a avó _____ (ficar) assustada ou pelo menos confundida. Aquele já está mais para lá do que para cá, disse a mamã, quando voltou para junto de nós, _____ (referir-se) a um doente que tinham acabado de trazer numa maca. Mais para lá. Lá, como se a morte _____ (ser) um continente onde estavam os dinossauros e os mamutes, a Grécia Antiga e o Império Romano, os cabeçudos da Ilha da Páscoa e, claro, o papá. Mas a avó não estava a morrer, a avó era forte, prova disso _____ (ser) a forma como ainda há pouco se debatera, _____ (ir) ficar no hospital só para fazer os exames que _____ (permitir) concluir que a queda não tinha sido nada de grave. A tua avó já passou por tanto, apesar de tudo não merece isto.

Apesar de tudo talvez _____ (ser) a expressão mais adequada à relação entre a mamã e a avó e à minha relação com cada uma delas. Apesar de tudo estávamos as três ali e talvez a mamã não _____ (fazer) de propósito para que os seus comentários não _____ (soar) tão despropositados junto dos profissionais que imitavam a eficiência dos robôs com movimentos mecanizados e frases curtas. Não merece a tua avó, nem merecemos nós, ainda por cima este ar condicionado, o barulho encana-me pelos ouvidos e deixa-me a cabeça em água, que impressão que isto tudo me faz. Tinha sido um erro telefonar à mamã e pedir-lhe que me _____ (acompanhar) ao hospital. A avó sempre a acusou de não _____ (conseguir) tratar de nada quando o papá morreu, não sei que ideia me deu para pensar que a mamã _____ (ser) capaz de me ajudar.

Antes de _____ (nós/sair), a mamã perguntou a uma enfermeira, baixando a voz como se subitamente se _____ (lembrar-se) de um código de conduta hospitalar: Quanto tempo a minha sogra ainda _____ (ficar) cá? Só o que _____ (ser) necessário, sorriu a enfermeira, este hotel está sempre a despachar os clientes, não queremos cá ninguém.

Dulce Maria Cardoso, *Eliete*, 1.ª edição de bolso, Tinta-da-china, 2020 (Texto com supressões)

**3. Complete o texto com as preposições ou locuções prepositivas da caixa.**

**através de / em / de / com / para / a / sem**

Há muitas histórias curiosas sobre cães, mas esta nunca tinha ouvido.

Um cão, que ficou sozinho _____ casa, ligou, _____ querer, o micro-ondas. Dentro do micro-ondas havia uma embalagem _____ plástico _____ pão e, claro, incendiou-se.

O dono da casa viu o fumo _____ aplicação do telemóvel que controla a habitação. Chamou os bombeiros, que imediatamente apagaram o pequeno incêndio. Felizmente, o fogo não se propagou _____ resto da casa.

Moral da história: o micro-ondas não deve servir _____ guardar coisas, mas sim para cozinhar.

**4.** Transforme as frases (a-e) usando as expressões equivalentes do quadro com a palavra *cara* (1-5).

| 1 | cara amarrada |
| 2 | cara de enterro |
| 3 | cara de lua cheia |
| 4 | cara de poucos amigos |
| 5 | cara de quem comeu e não gostou |

**a)** É difícil gostar de alguém que tem sempre uma fisionomia triste.

_____

**b)** Quando cheguei, ele estava com um ar tão aborrecido!

_____

**c)** A criança fica engraçada com aquela carinha redonda.

_____

**d)** Caramba, Zé! Porque é que estás com esse ar tão irritado?

_____

**e)** A dona Alzira assusta-me sempre com aquela má-disposição.

_____

**5.** **O verbo *dar* pode ocorrer com várias locuções. Faça a correspondência entre as frases (a-h) e o significado do verbo *dar* + locução (1-8).**

| | |
|---|---|
| **1.** dar a saber | **a)** Com o sismo, o prédio **sofreu um abalo** e abriu fissuras. |
| **2.** dar certo | **b)** Depois das férias, o resultado da equipa **regrediu.** |
| **3.** dar de si | **c)** O senhor Silva **fez constar** que tinha deserdado o filho. |
| **4.** dar para trás | **d)** Ainda bem que a publicação do livro **teve êxito**. |
| **5.** dar por bem-empregado | **e)** **Foi-lhe indiferente** ter perdido tanto dinheiro no casino. |
| **6.** dar as caras | **f)** Os pais do João **congratularam-se pelo** dinheiro gasto na educação do filho. |
| **7.** não se dar por achado | **g)** Acusei-o de mentir, mas ele **ignorou-me completamente**. |
| **8.** não se lhe dar | **h)** Esperei por ele, mas ele **nem apareceu**. |

**6. Escolha o verbo mais apropriado para cada frase.**

pegar / tirar / puxar / empurrar

**a)** Olhe lá! É favor não _____! Respeite a fila como toda a gente.

**b)** A Maria _____ na criança ao colo durante toda a cerimónia.

**c)** Ana, _____ a chave da porta? É que ontem esqueceste-te.

**d)** João, foste tu que _____ o chocolate que estava no frigorífico?

**e)** Não consigo _____ em pesos porque me doem as costas.

**f)** Em vez de _____ a porta para dentro, _____ para fora.

**7. Escolha a palavra ou expressão mais adequada para cada verbo.**

um dente / uma doença / um curso / uma moda / uma foto / com alguém / o sapato / ao tacho

| pegar | |
|---|---|
| pegar-se | |
| tirar | |

**8. Faça a correspondência entre os verbos *pegar/pegar-se* e *tirar* e as frases cujos verbos têm o mesmo significado das expressões do exercício anterior. Siga o exemplo.**

**a)** O creme **agarrou-se** ao fundo e sabe a queimado. Não se pode comer.

Expressão de significado equivalente: pegou-se ao tacho

**b)** O Nuno **extraiu** o siso ontem.

Expressão de significado equivalente: _____

**c)** **Frequentou** Arquitetura, mas não acabou.

Expressão de significado equivalente: _____

**d)** A criança **contraiu** sarampo na escola.

Expressão de significado equivalente: _____

**e)** **Difundiu-se** o uso das peças de vestuário assimétricas este verão.

Expressão de significado equivalente: _____

**f)** **Descalçou-se** assim que entrou em casa.

Expressão de significado equivalente: _____

**g)** O Beto **implica** com toda a gente.

Expressão de significado equivalente: _____

**h)** A Sara **fotografou** o casamento da irmã.

Expressão de significado equivalente: _____

## SUGESTÕES DE LEITURA

1. Leia uma das obras propostas e complete a ficha de leitura, seguindo o modelo da Unidade 1.

Mia Couto – *Venenos de Deus, Remédios do Diabo; Um Rio Chamado Tempo, Uma Casa Chamada Terra*

Jorge Amado – *Dona Flor e Seus Dois Maridos*

Agustina Bessa-Luís – *A Sibila*

## EXPRESSÃO ESCRITA

1. Leia os excertos apresentados e escreva textos de opinião com cerca de 180-220 palavras.

"O modo como os dois se encontraram era história na família."

Mia Couto, *Um Rio Chamado Tempo, Uma Casa Chamada Terra*

"– (…) Se alguém a ofendesse muito, perdoava, retribuía ou esquecia?"

Agustina Bessa-Luís, *A Sibila*

"Conhecer o mal é já uma defesa. Onde não há inocência, pode haver pecado; mas onde não há sabedoria, há sempre desgraça."

Agustina Bessa-Luís, *A Sibila*

## ASPETOS CULTURAIS E INTERCULTURALIDADE

**TABUS CULTURAIS – A MORTE**

**Objetivos: reconhecer a importância dos rituais de passagem na sociedade e o modo como facilitam a superação de momentos de transição imprevisíveis, como a morte.**

**1. Leia os textos e responda às perguntas.**

O número de cremações em Portugal cresce como nunca e a pandemia pode ter acelerado a transição. No ano passado, mais de 21 mil pessoas preferiram que a terra não fosse a sua última morada e os números de 2020 prometem uma revolução na hora da morte. Espelho de uma grande mudança na forma como a sociedade encara o fim de vida? Em Lisboa, as cremações já são a maioria, e o país está a acompanhar a tendência.

https://expresso.pt

Admirança toma conta de Dulcineusa e manda que nos retiremos. Ela deitaria a velha matriarca na devida cama, quem sabe despertaria mais tranquila? Que ela muito teria que ganhar repouso. Pois lhe competia a ela e só a ela tratar do amortecido esposo: lavá-lo, barbeá-lo, mudar-lhe as roupas.

(…) Na sala onde nos juntamos está sentado o médico.

(…) *– E então, doutor?*

*– Então o quê?*

O médico sacode a cabeça, sem expressão. Vezes sem conta já se tinha debruçado sobre o Avô, tomado o pulso, levantado a pálpebra, apalpado o peito. Uma vez mais se sujeitava ao repetido interrogatório.

*– Ele está morto, doutor?*

*– Clinicamente morto.*

*– Como clinicamente? Está morto ou não está?*

*(…) O Tio Ultímio repete, martelando um desdém: Clinicamente morto, clinicamente morto! Abstinêncio, olhar distante, ainda sorri:*

*– Só o nosso pai é que nos fazia uma coisa dessas…*

*– Esse Mariano! –* Lamentam em coro.

Enquanto estava vivo se dizia morto. Agora que falecera ele teimava em não morrer completamente.

Mia Couto, *Um Rio Chamado Tempo, Uma Casa Chamada Terra*, Editorial Caminho, 2014, 5.ª Edição

1. "Pois lhe competia a ela e só a ela tratar do amortecido esposo: lavá-lo, barbeá-lo, mudar-lhe as roupas."
O que lhe sugere esta frase em termos de cerimónias e rituais fúnebres?

2. Já alguma vez visitou um cemitério português? No caso de não ter visitado, procure na Internet algumas imagens. Em que diferem dos do seu país?

3. No seu país, a cremação é habitual? Há outras formas de tratar e homenagear o corpo depois de morrer?

## 2. Leia o texto e responda às perguntas.

Preparara-se a boa vizinha para acolher uma lastimosa dona Rozilda, em seu peito a abrigar e confortar.

(…) Adiantou-se para ajudá-la e para dar-lhe o cerimonioso abraço de pêsames, por nada no mundo deixaria de cumprir o triste dever de condolências.

– Meus pêsames…

– Pêsames? A mim? Não, minha cara, não desperdice sua civilidade. Por mim, já podia ter esticado há muito tempo, não sinto a falta. Agora já posso bater no peito e dizer de novo que na minha família não tem desclassificado nenhum. E que vergonha, hein? Escolheu para morrer no meio do carnaval, vestido de máscara… de propósito…

(…) Dona Norma não pôde conter-se:

– Puxa! A senhora tinha mesmo raiva de Vadinho, hein?

– Oxente! E não era para ter? Um vagabundo sem eira nem beira, pau-d'água, jogador, não valia de nada… E se meteu na minha família, virou a cabeça de minha filha, tirou a desinfeliz de casa pra viver às custas dela…

Jogador, cachaceiro, vagabundo, mau marido, era tudo verdade, considerou, pensativa, dona Norma. Como odiar, no entanto, mais além da morte? Não se deve, no carrego dos defuntos, varrer e enterrar os ressentimentos e as discórdias? Não era essa a opinião de dona Rozilda:

– Me chamava de velha xereta, nunca me respeitou, ria nas minhas bochechas (…). Me enganou quando me conheceu, me fez de boba, me arrastou na rua da amargura… Por que hei de me esquecer, só porque está morto no cemitério? Só por isso?

Jorge Amado, *Dona Flor e seus dois maridos*, Editora Record, 1977 (Texto com supressões)

1. Considera chocantes as falas de dona Rozilda, a propósito da morte do genro?

2. Acha que é importante manter as aparências perante a morte ou ser sincero como dona Rozilda?

3. Que razões teria dona Rozilda para odiar o genro, mesmo depois de morto?

4. O que pensa das considerações de dona Norma quando ela diz: "Como odiar mais além da morte?"

## 3. Leia o texto e responda às perguntas.

Anoitecia, e já os homens tinham regressado do enterro, quando Germa desceu à eira; deu uma volta lenta, e foi encostar-se na velha mó de azeite, olhando, com uma impressão de despedida, pungente e desesperada, a casa toda, sobre cujos beirais uma teoria de pombas se contornava, fazendo leque e beijando-se. Começava a sentir o vazio que sucede ao banir dum hábito. Estava frio, e uma névoa azul subia e pairava até aos telhados do lugar; havia no ar um odorífero sabor de pinhas queimadas; um entrecortado improviso em gaita-de-beiços, ao qual de princípio não dera atenção, tornou-se mais vivo, mais rítmico, mais próximo. Alguém, naquela casa, onde os castiçais com acantos de gesso dourado, aprestos do culto cedidos pelo abade, não tinham sido devolvidos ainda, tocava uma modinha galharda. Germa encaminhou-se para o beiral sob os sobrados e cujas largas portas pareciam cambalear nos gonzos; lá, sentado no fundo dum cesto voltado, estava Custódio; experimentava uma série de notas agudas e graves, antes de encarreirar na melodia, e, com o pé, varria o folhedo caruncoso que remanescia ali como inaproveitável. Viu Germa, ergueu-se dum pulo, não surpreendido, mas antes expectante e todo servil.

– Então que é isso? Não podes tocar agora – advertiu ela.

Agustina Bessa-Luís, *A Sibila*, 33.ª edição, Relógio D'Água Editores (2019)

1. Que sentimentos lhe sugere o texto? Procure no texto palavras ou expressões para justificar a sua resposta.

2. "Começava a sentir o vazio que sucede ao banir dum hábito." Interprete a frase.

3. Depois do funeral da tia, Germa vagueia pela propriedade e ouve Custódio tocar uma melodia. Porque é que ela diz "Não podes tocar agora"?

4. No texto de Jorge Amado, dona Norma acha que dar os pêsames ou não falar mal dos mortos é uma questão de "civilidade". No texto de Agustina Bessa-Luís, Germa advertiu Custódio por ele estar a tocar após o funeral da tia. Trata-se de convenções sociais. Que outras convenções conhece ligadas a este momento de passagem?

## 4. Leia o texto e responda às perguntas.

**Entrevista a Ana, Professora, 44 anos, mãe de dois filhos, de 13 e 6 anos**

*Entrevistador*: Acha que as crianças devem participar em cerimónias fúnebres?

*Ana*: Quando eu era criança, costumava passar o verão com os meus avós maternos. Se, por acaso, morria alguém nesse período de férias, nós íamos sempre com os avós, tanto ao velório, como ao funeral.

*Entrevistador*: Participar nessas cerimónias chocava-a?

**Ana:** De maneira nenhuma. Achava normal. Toda a gente da aldeia participava. Era uma homenagem à pessoa falecida e à família.

**Entrevistador:** Hoje em dia, praticamente ninguém leva as crianças ou mesmo jovens às cerimónias fúnebres. Por que razão?

**Ana:** Acho que os pais querem proteger os filhos da ideia da morte. Provavelmente, o único funeral de que faremos parte será o nosso! (risos) É ridículo! Devíamos educar os nossos filhos na aceitação dos factos da vida, e a morte é um deles. Irremediavelmente.

**Entrevistador:** Então, acha que os pais que escondem dos filhos, por exemplo, a morte do seu animal de estimação estão errados?

**Ana:** Profundamente errados. As cerimónias fúnebres são um passo importante para começarmos a fazer o luto. O resto é uma questão de tempo.

**Entrevistador:** Acha que, hoje em dia, a morte é um ritual assético, limpo, rapidamente despachado, em vez do funeral ritualizado de antigamente?

**Ana:** Antigamente, as pessoas morriam em casa, junto dos seus familiares. Os defuntos eram limpos, vestidos e velados em casa. Hoje, isso é praticamente impensável. Compete às funerárias tratarem de tudo, o que é "chocante". Nós só presenciamos a parte mais aceitável, mais limpa, por assim dizer. A morte tornou-se assética, é verdade.

1. Há alguma coisa dita nesta entrevista que para si seja difícil de aceitar?

2. Concorda com as ideias de Ana acerca da participação das crianças nos rituais fúnebres?

3. Qual é a sua opinião acerca da morte hospitalizada, em vez da morte em casa?

 **QUIZ CULTURAL**

**1. Responda às perguntas do quiz escolhendo a opção correta.**

**1.** Que expressão tem um significado diferente de "morrer"?

   **a)** Ir para onde Judas perdeu as botas

   **b)** Esticar o pernil

   **c)** Ir desta para melhor

   **d)** Bater as botas

**2.** Que verbo não é sinónimo de "morrer"?

   **a.** Finar-se ☐

   **b.** Falecer ☐

   **c.** Expirar ☐

   **d.** Sumir ☐

**3.** Qual das expressões significa "maravilhoso"?

   **a.** Morrer de rir ☐

   **b.** Lindo de morrer ☐

   **c.** Estar morto de cansaço ☐

   **d.** Pensar na morte da bezerra ☐

**4.** Que expressão não é apropriada quando morre alguém?

   **a)** Os meus pêsames ☐

   **b)** Apresento as minhas condolências ☐

   **c)** Lamento muito ☐

   **d)** Finalmente esticou a canela ☐

## GRAMÁTICA

**1. Substitua as orações subordinadas circunstanciais por orações infinitivas, fazendo as alterações necessárias.**

> **exemplo: Se vires** o último episódio da série, não me contes o fim. = **No caso de veres** o último episódio da série, não me contes o fim.

**1.** Ele fez-lhe um chá de gengibre **para que** aliviasse a dor de garganta.

_____

**2.** Vamos embora **antes que** comece a chover.

_____

**3.** Arrumou os papéis **de modo que** eles não percebessem que tinha andado a espiar.

_____

**4. Caso** queiram ficar mais uns dias na cidade, eu empresto-lhes a minha casa.

_____

**5. Embora** não gostassem do filme, viram-no até ao fim.

_____

**2. Complete as frases com a forma correta do particípio.**

**1.** Até àquele dia, ela nunca tinha _____ dinheiro dos pais. (aceitar)

**2.** Sabes se os livros já foram _____? (entregar)

**3.** A proibição de fumar aqui está bem _____ neste cartaz! (expressar)

**4.** Ele pensava que tinham _____ o gato, mas afinal não foi _____ pelo carro. Só estava combalido. (matar)

**5.** Os bombeiros já tinham _____ todas as vítimas quando o helicóptero chegou. Os feridos foram _____ atempadamente. (salvar)

**6.** Pensei que já tinhas _____ a lareira. Porque é que ainda não está _____? (acender)

**7.** O presidente foi _____ com a maioria dos votos, mas ainda não tinham _____ o vice--presidente. (eleger)

**8.** O peixinho tinha _____ durante a noite. Acho que já estava _____ antes de me deitar. (morrer)

**9.** Jogou tantas horas à bola que os sapatos estavam _____. (romper)

**10.** O fogo foi _____ após seis horas de combate. Os bombeiros ainda não tinham _____ aquele incêndio e já tinha começado outro na serra. (extinguir)

## 3. Complete o texto com as preposições ou locuções prepositivas da caixa.

> **de / para / a / em / com / por**

Um homem de nacionalidade estrangeira foi detido _____ flagrante pela polícia _____ assalto a residências.

O homem, que se encontrava _____ liberdade condicional _____ mesmo tipo de crimes, entrava _____ janelas ou varandas _____ roubar, mesmo _____ os donos dentro das habitações.

Este "Homem Aranha" foi presente _____ Tribunal e foi-lhe aplicada a medida de coação _____ prisão preventiva. Agora, só lhe resta utilizar os seus dotes _____, eventualmente, fugir _____ prisão.

## 4. Faça a correspondência entre as expressões com a palavra *asa* (1-5) e as frases (a-e).

| | |
|---|---|
| **1.** arrastar a asa | **a)** A dona Ana decidiu ter o miúdo sob a sua proteção. |
| **2.** bater as asas | **b)** Assim que fez dezoito anos, a rapariga fugiu de casa. |
| **3.** dar asas a | **c)** Quando foi dar a notícia aos pais, o Zé até parecia que voava. |
| **4.** debaixo da asa | **d)** Aquela criança dá largas à imaginação quando conta uma história! |
| **5.** ter asas nos pés | **e)** Acho que o Nuno anda a insinuar-se junto da Sofia. |

## 5. Faça a correspondência entre as frases (a-e) e o sinónimo do verbo *reter* (1-5) mais adequado a cada frase.

| | |
|---|---|
| **a)** Retive a mão dela até se sentir melhor. | **1.** reprimir |
| **b)** O banco reteve todo o dinheiro até ao julgamento. | **2.** impedir de sair |
| **c)** Ele não conseguiu reter as lágrimas. | **3.** segurar com firmeza |
| **d)** Ela retém tudo o que ouve. | **4.** conservar na memória |
| **e)** A doença tem-no retido em casa. | **5.** guardar em seu poder |

**6. Complete as frases com os verbos da caixa.**

> **provar / reparar / resolver**

**1.** A magreza dela _____ a mania das dietas.

**2.** O mecânico _____ o motor.

**3.** Ela é boa a _____ problemas.

**4.** O miúdo _____ ficar com os avós.

**5.** Sentou-se numa pedra para _____ as forças.

**6.** Vou _____ este doce.

**7.** Não posso _____ muita roupa nesta loja. Os números são muito pequenos.

**8.** O advogado _____ a inocência do réu.

**9.** Não sei se o seguro vai _____ os prejuízos do temporal.

**10**. A violência não _____ nada.

**11**. Ele _____ que era honesto e devolveu o dinheiro.

**12**. Ele esforçou-se para _____ os erros que cometeu.

## SUGESTÕES DE LEITURA

Luís de Sttau Monteiro – *Um Homem não Chora*

Rosa Lobato de Faria – *As Esquinas do Tempo*

**1. Relate, em termos gerais, como era a sociedade portuguesa lisboeta nos anos 60 do século xx descrita no livro *Um homem não chora*.**

**2. Compare a vida de Margarida, a personagem que viajou no tempo, no início do século xx e no século xxi em *As Esquinas do Tempo*.**

## EXPRESSÃO ESCRITA

**1. Leia os excertos apresentados e escreva textos de opinião com cerca de 180-220 palavras.**

"Lembro-me de que, quando era criança eu caía e chorava, meu pai me dizia sempre: 'Levanta-te, filho, um homem não chora.'

Ajusto a gravata em frente do espelho e repito em voz baixa: um homem não chora. Um homem não chora. Um homem não chora.

E choro."

Luís de Sttau Monteiro, Um homem não chora

"(...) a luta das mulheres por uma sociedade mais equitativa precisa de aliados homens e de melhores modelos de masculinidade. Para o bem de todos."

Nelson Marques, Expresso

"(...) Então Margarida percebeu que, como nos contos de fadas, tinha dormido cem anos, e viajado, durante o sono, no sentido inverso do tempo."

Rosa Lobato de Faria, As Esquinas do Tempo

## ASPETOS CULTURAIS E INTERCULTURALIDADE

### ESTEREÓTIPOS CULTURAIS

**Objetivos: Compreender os estereótipos enquanto formas de representação social e falsa perceção da realidade; desmontar estereótipos culturais.**

**Estereótipo** é o conceito ou imagem preconcebida, padronizada e generalizada, estabelecida pelo senso comum, sem conhecimento profundo, sobre algo ou alguém.

Define-se estereótipo social como crença coletivamente compartilhada acerca de algum atributo, característica ou traço psicológico, moral ou físico, atribuído extensivamente a um agrupamento humano, formado mediante a aplicação de um ou mais critérios, como, por exemplo, a idade, o sexo, a inteligência, a filiação religiosa.

Os estereótipos podem conter traços falsos, superexagerados ou atribuídos de forma imaginária.

https://pt.wikipedia.org (Texto adaptado)

**Símbolos portugueses estereotipados:**

Bacalhau

Galo de Barcelos

Guitarra portuguesa

**Saudade** (a palavra que não tem tradução)

## 1. Leia o texto e responda às perguntas.

Como os estrangeiros veem os portugueses:

- Os portugueses trabalham para viver, não vivem para trabalhar;
- O fado narra a vida através de um prisma português. É tão português como as sardinhas assadas;
- Os portugueses são frequentemente capazes de fazer um longo desvio de carro para provarem um apreciado prato local;
- Os portugueses comem muita sopa, mas caseira, nunca sopa enlatada;
- Os portugueses adoram doces;
- Os portugueses são muito hospitaleiros;
- Os portugueses são muito formais;
- Os portugueses conduzem mal.

Barry Hatton, *Os Portugueses,* Clube do Autor, 2011 (Texto adaptado)

1. Concorda com estas afirmações de Barry Hatton sobre os portugueses? Na sua opinião, podemos considerar estas afirmações como estereótipos sobre os portugueses?

2. Se tiver oportunidade, pergunte a um ou mais portugueses qual é a opinião deles sobre estas afirmações.

**2. Leia os textos e responda à pergunta.**

### O que pensam os estrangeiros sobre Portugal

- "Eu preferia andar a esperar pelos autocarros porque nunca sabia se alguma vez eles chegariam a vir." O comentário é de Rose, autora do blogue *PostCards From Rose*. A estudante norte-americana está atualmente a viver em Portugal;

- "Os portugueses gostam muito do seu vinho. Enquanto estive em Portugal, reparei que toda a gente parecia muito jovem, mas na verdade não era. Se calhar é por causa do estilo de vida fácil em Portugal, ou se calhar é qualquer coisa no vinho. O mundo nunca saberá." O texto é da autoria de Aminat Ologunebi, na plataforma *Verge Campus*;

- "O português é muito parecido com o espanhol quando escrito. Tal como com o espanhol, consigo ler sinais na rua e títulos. Falar português parece muito mais russo. As consoantes espanholas correspondem às minhas expectativas, as consoantes portuguesas são imprevisíveis." Ralph escreveu este texto numa lista com "5 coisas incríveis que aprendi sobre Portugal", no blogue *One Month Travel*;

- "Considerem-me a típica turista americana ignorante, mas quando cheguei a Portugal imaginava um local subdesenvolvido onde ninguém falava inglês. Como estava enganada. Rapariga tonta. Praticamente toda a gente fala inglês e as ruas são das mais limpas que eu vi." O comentário foi feito por Heather Ditmars, num *post* sobre "5 coisas que aprendi em Portugal", publicado no blogue *She Goes Global*;

- Os cães são extremamente populares e fiquei com a sensação de que quase todos estavam a ladrar." A frase é do canadiano Mike Jaycock e faz parte de uma lista de "Portugal: 5 coisas que aprendi nas minhas viagens";

- "Se é estrangeiro e vem visitar Portugal, o verdadeiro drama é este: 'Cuidado: os portugueses são os piores condutores da Europa. Não são tão rápidos como os italianos, mas bastante mais incompetentes'" nota em www.executiveplanet.com. Também a BBC avisa: "Tenham medo, tenham muito medo. E sejam paranoicos. É a única maneira de guiar e sobreviver em Portugal… Parece que todo o país está envolvido num jogo de cabra-cega com os pobres turistas. A única maneira de reter a sanidade é manter-se na sua mão – e esperar pelo melhor. Talvez seja melhor começar a aprender a rezar em português…".

1. Acha os pontos referidos no texto estereotipados? Faça um comentário sobre cada ponto.

**3. Leia os textos e faça os exercícios propostos.**

**Desconstruir estereótipos sobre os portugueses**

• **As mulheres portuguesas não têm bigode**

Aliás, podem ter a certeza de que as mulheres portuguesas são das mais belas do mundo. Quanto à história do bigode… bem… os espanhóis dizem que as portuguesas têm bigode, os franceses dizem que as espanholas têm bigode e os alemães dizem que as francesas têm bigode. É uma implicância entre nações, bem-parecida com nossa questão entre brasileiros e argentinos.

• **Eles não passam a vida comendo bacalhau**

Sim, eles possuem receitas suficientes de bacalhau para comer uma refeição diferente em cada dia do ano, mas isso não significa que passam a vida comendo apenas isso. Além disso, com uma dieta mediterrânea tão rica e variada, quem precisa comer bacalhau todos os dias?

• **Portugal não é apenas mar e sol**

Quem se atreve a dizer uma coisa dessas é porque não conhece nada sobre esse lindo e diverso país. Provavelmente nunca visitou as espetaculares aldeias de xisto ou as aldeias caiadas de branco no Alentejo. Nem sequer sonha com a beleza das ilhas dos Açores e da Madeira. Ahhh… e pode mesmo haver dias de muito frio em Portugal sim, especialmente no norte do país.

• **Um convite para tomar café não significa tomar café**

Sim, pode parecer estranho, mas eles são mesmo assim. Quando convidam os amigos para sair, eles dizem sempre "vamos tomar um café?" e depois, na prática, passam a noite bebendo umas cervejas sem pedir um único café.

https://embarquenaviagem.com

• Para qualquer tipo de relação, negócio ou amizade, vai ter de passar primeiro por longas refeições. Tudo em Portugal é decidido à mesa. Mas atenção: nada de acordar um português muito cedo. "Aqui, a ideia dos pequenos-almoços de negócios, por exemplo, é considerada absolutamente bárbara." Os jantares são habitualmente reservados à família ou amigos, mas resta o almoço…

• Claro que nem tudo são rosas (ou cravos): também nos dizem que as reuniões são mal conduzidas, somos desorganizados, temos pouco espírito de equipa, gostamos de mandar, temos uma burocracia de bradar aos céus, nem sempre usamos 'se faz favor' e 'obrigada', 'amanhã' e 'para a semana' são termos relativos, mas (nem tudo é mau) somos flexíveis e gostamos de aprender.

• Chegou finalmente a ocasião de estar cara a cara com um português. Como é que o cumprimenta? Na dúvida, dê-lhe um aperto de mão. "Aperta-se sempre a mão a uma pessoa, mesmo que já se tenha estado com ela anteriormente várias vezes. As mulheres costumam dar um beijinho em cada bochecha tanto a homens como a mulheres. "Dilema: É muito difícil, mesmo para os portugueses, saber quando se aperta a mão e quando se dá um beijinho." Pobres estrangeiros!

https://activa.sapo.pt (Texto com supressões)

1. Nós nem sempre nos vemos como os outros nos veem. Se tiver a possibilidade, pergunte a alguns portugueses se estão de acordo com estas afirmações.

2. Faça o levantamento de cinco estereótipos positivos ou negativos em relação à sua nacionalidade ou grupo étnico.

| Estereótipos positivos | Estereótipos negativos |
|---|---|
|  |  |
|  |  |
|  |  |
|  |  |

**4. Leia o texto e responda às perguntas.**

**Os homens também choram**

**Retrato da masculinidade: "Tentar estar à altura de estereótipos conduz a que muitos rapazes ponham em perigo as suas vidas"**

Homem que é homem é viril, é confiante, é dominante, é um líder. Homem que é homem não chora. Não sofre. Não mostra debilidade. Não fraqueja. Não é mole. Não é "maricas". Não é "gaja". Andam a contar-nos estas mentiras há tanto tempo que não faltam homens que acreditem nelas. E, ao fazê-lo, magoam-se a si e a todos à sua volta. Tatiana Moura é investigadora do Centro de Estudos Sociais da Universidade de Coimbra, onde coordena projetos sobre masculinidades, igualdade de género, paternidade e cuidado. Nesta conversa, lembra que a luta das mulheres por uma sociedade mais equitativa precisa de aliados homens e de melhores modelos de masculinidade. Para o bem de todos.

**Os pais ainda condicionam socialmente os filhos, contribuindo para perpetuar estereótipos de género?**

Ainda. Alguns sim. Desde que nascemos – e até antes, durante o período da gestação – somos colocados em caixinhas diferentes. Somos socializados para nos comportarmos, agirmos, vestirmos e brincarmos dentro do que é socialmente aceite. Como se, desde muito cedo, nos colocassem em duas linhas de comboio distintas, paralelas, que nos levam, a homens e mulheres, por caminhos diferentes e sem nunca se cruzarem, ficando cada um confinado àquele caminho ou papel. Azul e rosa. Forte e delicada. Provedor e cuidadora. E por aí seguimos. Na verdade, estamos a projetar as expectativas que muitos adultos têm sobre essas construções, moldando o que realmente queremos ser e limitando a nossa liberdade e autodeterminação.

### Como é que o fazem?

Vemos isso, por exemplo, nas cores e nos brinquedos que se atribuem aos diferentes sexos: cor-de-rosa, brinquedos de tratar da casa, de cuidar de bebés e maquilhagem se formos meninas; e azul, armas, castelos e construções se formos meninos. Mas também o vemos nos comportamentos e nas atitudes que transmitimos de forma diferenciada a um rapaz e a uma rapariga: eles têm de ser fortes, corajosos, não chorar e não recuar perante um desafio; elas têm de ser delicadas, sensíveis e gostar de brincadeiras calmas e que não são atribuídas aos rapazes. Como chamamos a uma menina que gosta de jogar à bola e de subir a árvores? Pois, "Maria Rapaz". Isso pode acontecer tanto em casa como na escola. Podemos ter em casa uma abordagem que não seja assente em distinções binárias de género, desiguais e estereotipadas, e na escola esse tipo de abordagem pode surgir. Ou vice-versa.

### É um fenómeno que se acentua na adolescência?

Na adolescência dilui-se um pouco o papel dos pais e da família e acentua-se o papel dos amigos e dos grupos. Os adolescentes querem naturalmente ser aceites no seu grupo de pares e aí vêm ao de cima as "caixinhas" em que somos colocados mal nascemos e as que o grupo espera de nós. Um rapaz colocado na caixinha da masculinidade considerada dominante terá vantagens no seu grupo se se comportar exatamente como o que é esperado dele, porque "rapazes serão sempre rapazes". Dá menos trabalho, os resultados são imediatos. Tem vantagens como ser reconhecido e valorizado, ser mais atraente aos olhos das raparigas, ser líder e por isso ser imitado, etc.

### Como é que se desconstrói isso?

Transmitindo aos jovens que existem desvantagens em ficar retido dentro dessas caixas: somos limitados nas formas como nos podemos e devemos comportar; sofremos pressão dos pares para agir de certa maneira, mesmo quando não o queremos fazer fazemos; e há impactos em termos da saúde física e mental. Mas devemos ensinar-lhes e mostrar-lhes, também, que há vantagens em "sair das caixas", nomeadamente em não nos conformarmos com as ideias que outros têm sobre nós e sobre o que realmente somos, e manter ligações mais fortes com outras pessoas, entre outras. Dessa forma minimizamos os impactos negativos na vida, na saúde, nos relacionamentos e na felicidade dos adolescentes e evitamos comportamentos e atitudes não igualitárias equitativas e desiguais.

**O silêncio emocional a que muitos se votam, por exemplo, muito por culpa da ideia de que "homem que é homem não chora", está a matar muitos homens.**

Em Portugal, a probabilidade de suicídio é superior entre os homens: três vezes superior à de uma mulher, sendo que pelo menos uma em cada dez mortes de indivíduos do sexo masculino com idades compreendidas entre os 15 e os 39 anos resulta de suicídio. Os homens morrem mais do que as mulheres e em idades mais precoces. Os óbitos entre os indivíduos de sexo masculino com idades compreendidas entre os 15 e os 64 anos correspondem a, pelo menos, duas vezes os óbitos nas mulheres na mesma faixa etária.

Todos estes números e factos são resultado destas expectativas, diferentes, complexas e pressionantes, das várias interpretações sobre "o que significa ser homem" e do comportamento que se espera que homens e rapazes tenham. Têm um traço comum, que pode ser simplificado e generalizado da seguinte forma: um homem tem de ser forte, corajoso, não pode falar sobre os seus sentimentos ou, simplesmente, dizer a um amigo ou a uma amiga que se sente triste e deprimido. Assim, procuram pouco a ajuda especializada para problemas físicos e psicológicos porque tal significa que não são autossuficientes para tratar dos seus problemas, o que pode em último caso conduzir à morte.

Nelson Marques, *Expresso* (Texto com supressões)

1. A reportagem fala de múltiplos estereótipos de género que são comuns em Portugal. Que tipo de estereótipos se encontram no seu país em relação a este tema?

2. Comente as frases: "(…) a luta das mulheres por uma sociedade mais equitativa precisa de aliados homens e de melhores modelos de masculinidade. Para o bem de todos."

5. **Veja o filme** *La Cage Dorée* **(***A Gaiola Dourada***), do realizador Rúben Alves, e faça o levantamento dos estereótipos sociais presentes no filme associados a emigrantes portugueses.**

| | |
|---|---|
| Profissões femininas atribuídas às portuguesas | |
| Profissões masculinas atribuídas aos portugueses | |
| Símbolos nacionais portugueses presentes no filme | |
| Estilos de vida das personagens portuguesas | |
| Sonho das gerações mais velhas | |

**6. Atente nas imagens e faça os exercícios propostos.**

a) Mariza: Cantora

b) Vitória Guerra: Atriz de cinema e televisão

c) Nelson Évora: Atleta de alto nível de triplo salto e salto em comprimento

d) António Guterres: Secretário-Geral da Organização das Nações Unidas (ONU)

e) Elvira Fortunato: Cientista: pioneira mundial na eletrónica de papel

1. Caso não conheça as figuras públicas apresentadas nas fotografias, investigue na Internet sobre cada uma delas e descubra informações sobre as suas carreiras.

2. Muitas vezes identificamos os outros partindo de conceitos e critérios estereotipados. Problematize esta questão da estereotipação tendo em conta a diversidade de características físicas e de profissões dos portugueses apresentados acima.

**7. Leia o texto e responda às perguntas.**

### O Bode Imarcescível

Julião amava os animais. Mas realmente o que o encantava era o bode. Trouxera-o para casa ao voltar de umas férias na montanha. Era um bode jovem, mas já com barba digna, que ficava a olhar para tudo com desdém, como prevendo inúmeras desgraças. Afeiçoaram-se um ao outro. Julião esmerava-se no tratamento e o bode, compreendendo que estava numa casa de respeito, passara a marrar apenas em polícias e cobradores. Mas comia, comia muito, comia tudo.

Um dia aconteceu o inesperado. Ao voltar a casa, à tarde, Julião encontrou o bode no escritório, sentado a comer, voraz, a edição monumental de OS LUSÍADAS. Ficou amargurado.

Que fazer? Como resolver aquilo? E a solução surgiu-lhe. Levar o bode com ele para o escritório.

No dia seguinte, após as tarefas matinais, disse ao bode:

– Vamos lá, meu velho.

O bode ia de manhã para a repartição, almoçava na cantina, passava a tarde sentado, observando a atividade múltipla da casa e voltava à tarde ao lado de Julião, vendo as montras e mirando os polícias de través.

O diabo foi que um dia o bode teve um apetite voraz. Foi à secretária do chefe e comeu todos os processos em andamento que faziam a cabeça em água aos funcionários. Não deixou senão os agrafos e as molas das pastas dos arquivos.

O chefe aveio-se com o bode. Parece que se entenderam.

O Julião não foi incomodado e o bode passou a andar de um lado para o outro, pelas salas e gabinetes.

O bode comia os processos, os processos ficavam arrumados. Os funcionários estavam encantados, escolhiam os melhores, os mais grossos e chamavam o bode.

Os chefes sucederam-se, os ministérios mudaram. O bode continuava na repartição, sempre jovem e ativo. Estava no quadro.

Foi então que se deu o acontecimento decisivo.

Poderoso, imarcescível, o bode entrou pelo gabinete do ministro e comeu, logo ali, o decreto de mobilização geral que estava a despacho.

Foi eleito deputado pelo povo em delírio.

Mário-Henrique Leiria, "O bode imarcescível", *Contos do Gin-Tonic* (Texto com supressões)

1. A Função Pública é um grupo frequentemente estereotipado em Portugal. Na sua opinião, acha que neste conto existe algum comportamento estereotipado em relação a esta classe profissional?

2. No seu país, a Função Pública também é um grupo estereotipado?

3. Como explica os dois últimos parágrafos do texto?

## QUIZ CULTURAL

**1. Responda às perguntas do quiz escolhendo a opção correta.**

**1.** Qual destas frases é verdadeira?

   **a)** Os portugueses comem bacalhau todos os dias. ☐

   **b)** O tempo em Portugal é sempre quente. ☐

   **c)** A frase "Vamos tomar um café" significa "Vamos encontrar-nos". ☐

   **d)** Os portugueses não são burocratas. ☐

**2.** Em relação à alimentação dos portugueses, qual das seguintes frases não se pode considerar um estereótipo?

   **a)** Os portugueses comem muito bacalhau. ☐

   **b)** Os portugueses comem muitas sardinhas. ☐

   **c)** Os portugueses comem muita sopa. ☐

   **d)** Os portugueses comem muito queijo. ☐

**3.** Em relação ao comportamento social dos portugueses, qual das seguintes frases não se pode considerar um estereótipo?

   **a)** Os portugueses são muito agressivos. ☐

   **b)** Os portugueses chegam sempre atrasados. ☐

   **c)** Os portugueses conduzem muito mal. ☐

   **d)** Os portugueses trabalham pouco. ☐

**4.** Que frase estereotipada não é geralmente atribuída ao sexo masculino?

   **a)** Não é chorão. ☐

   **b)** Não é fraco. ☐

   **c)** Não é débil. ☐

   **d)** É sensível. ☐

## GRAMÁTICA

**1. Leia um excerto da obra *A Cidade e as Serra*, de Eça de Queirós, e complete os espaços com a preposição correta, contraída ou não com artigo.**

A malga _____ barro, atestada _____ azeitonas pretas, contentaria Diógenes. Espetado _____ côdea _____ um imenso pão reluzia um imenso facalhão. (…)

E o Melchior, que seguia erguendo a infusa do vinho, esperava que (…) lhe perdoassem porque faltara tempo _____ o caldinho apurar… Jacinto ocupou a sede ancestral – e _____ momentos (de esgazeada ansiedade para o caseiro excelente) esfregou energicamente, _____ a ponta da toalha, o garfo negro, a fusca colher _____ estanho. Depois, desconfiado, provou o caldo, que era _____ galinha e rescendia. Provou – e levantou _____ mim, seu camarada _____ misérias, uns olhos que brilharam, surpreendidos.

Tornou _____ sorver uma colherada mais cheia, mais considerada. E sorriu, _____ espanto:
– Está bom!

Estava precioso: tinha fígado e tinha moela: o seu perfume enternecia: três vezes, fervorosamente, ataquei aquele caldo.

– Também lá volto! – exclamava Jacinto _____ uma convicção imensa. – É que estou _____ uma fome… Santo Deus! Há anos que não sinto esta fome.

Foi ele que rapou avaramente a sopeira. E já espreitava a porta, esperando a portadora _____ pitéus, a rija rapariga _____ peitos trementes, que enfim surgiu, mais esbraseada, abalando o sobrado – e pousou sobre a mesa uma travessa a transbordar _____ arroz com favas. Que desconsolo! Jacinto, em Paris, sempre abominara favas!… Tentou todavia uma garfada tímida – e _____ novo aqueles seus olhos, que o pessimismo enevoara, luziram, procurando os meus. Outra larga garfada, concentrada, com uma lentidão _____ frade que se regala. Depois um brado:

– Ótimo!… Ah, destas favas, sim! Oh que fava! Que delícia! (…)

– Deste arroz _____ fava nem _____ Paris, Melchior amigo!

Eça de Queirós, *A Cidade e as Serra* (Texto adaptado e com supressões)

© Lidel – Edições Técnicas, Lda.

**2. Encontre no texto anterior os sinónimos das palavras que se seguem, transcrevendo o segmento do texto em que surgem.**

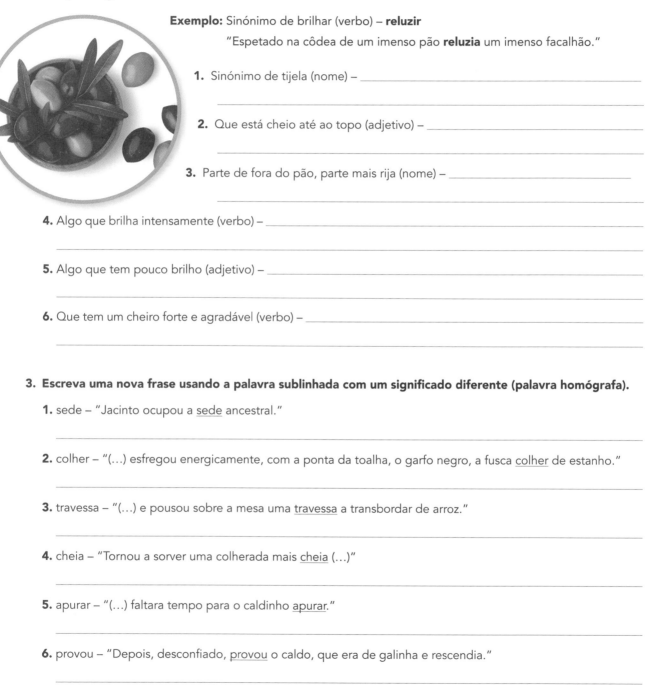

**Exemplo:** Sinónimo de brilhar (verbo) – **reluzir**

"Espetado na côdea de um imenso pão **reluzia** um imenso facalhão."

**1.** Sinónimo de tijela (nome) – _____

_____

**2.** Que está cheio até ao topo (adjetivo) – _____

_____

**3.** Parte de fora do pão, parte mais rija (nome) – _____

_____

**4.** Algo que brilha intensamente (verbo) – _____

_____

**5.** Algo que tem pouco brilho (adjetivo) – _____

_____

**6.** Que tem um cheiro forte e agradável (verbo) – _____

_____

**3. Escreva uma nova frase usando a palavra sublinhada com um significado diferente (palavra homógrafa).**

**1.** sede – "Jacinto ocupou a sede ancestral."

_____

**2.** colher – "(…) esfregou energicamente, com a ponta da toalha, o garfo negro, a fusca colher de estanho."

_____

**3.** travessa – "(…) e pousou sobre a mesa uma travessa a transbordar de arroz."

_____

**4.** cheia – "Tornou a sorver uma colherada mais cheia (…)"

_____

**5.** apurar – "(…) faltara tempo para o caldinho apurar."

_____

**6.** provou – "Depois, desconfiado, provou o caldo, que era de galinha e rescendia."

_____

## 4. Complete o texto com os verbos na forma correta.

No final dos anos setenta, o meu pai fazia Porto-Lisboa à segunda para _____ (voltar) à sexta. Todas as semanas. Os autocarros Terra Nova _____ (demorar), na melhor das hipóteses, seis horas a fazer os trezentos quilómetros que separam as duas cidades, com paragem em várias localidades, onde _____ (sair) e _____ (entrar) gente. A meio do caminho, no quilómetro cento e cinquenta da estrada nacional número um, a camioneta _____ (parar) para que os passageiros _____ (poder) jantar. E foi no bar da bomba de gasolina, com poucas mesas cá fora e uma enorme fila para o wc, que todos _____ (lamber) os beiços com um prato de arroz de tomate malandrinho.

O Bar Shell, como estava assinalado nas canecas de barro com que _____ (servir) o vinho, além do melhor arroz de tomate do mundo, _____ (ter) boas chamuças, croquetes, panados, bolinhos de bacalhau e filetes, dispostos sobre o balcão para que o amontoado de fregueses pudesse ir escolhendo. Na confusão dos pedidos, não _____ (haver) dúvidas, já _____ (saber) que o meu pai _____ (querer) chamuças. _____ (ser) cliente mais do que habitual. E até hoje _____ (relembrar) o prazer dessas refeições apressadas na berma da estrada nacional mais movimentada do país. (...)

O Bar Shell precisava de crescer, os comensais não _____ (parar) de chegar em autocarros e aquele pequeno balcão repleto, não só não _____ (dar) vazão ao fluxo de clientela, como não _____ (fazer) jus à excelência do arroz de tomate. (...)

Poucos anos depois, finalizada a A1, foi no salão do Manjar do Marquês que _____ (dar-se) a festa de final de obra, com responsáveis e empreiteiros. E foi lá também que _____ (começou) a escassear a freguesia, quando a nacional _____ (perder) o tráfego para a autoestrada, e já nem os autocarros _____ (parar) para que os seus passageiros _____ (comer) arroz de tomate a escaldar nos dez minutos que tinham. As mesas vazias _____ (ser) uma desolação...

Felizmente, com o passar dos anos, os viajantes _____ (perceber) que nas estações de serviço se _____ (comer) caro e porcamente, e que sair da autoestrada, mesmo que se _____ (ter) de fazer mais meia dúzia de quilómetros, valia muito a pena. (...)

Foi assim que eu, tantos anos depois, _____ (tornar-se) cliente habitual, como o meu pai. Confesso que não tenho o mesmo grau de devoção ao arroz de tomate, nem as mesmas memórias afetivas que o ligam ao pequeno bar na berma da nacional. Mas não posso deixar de me sentir em casa, nem de sorrir cada vez que _____ (lembrar-se) de ser pequenina e de o meu pai dizer em tom irónico, entre duas garfadas de arroz de tomate e uma trinca numa chamuça: "Um dia quando _____ (casar), a festa vai ser no Manjar do Marquês!"

Capicua, *Visão* (Texto adaptado e com supressões)

## SUGESTÕES DE LEITURA

**1. Leia uma das obras propostas e complete a ficha de leitura, seguindo o modelo da Unidade 1.**

Eça de Queirós – *Os Maias*

José Saramago – *Deste Mundo e do Outro*

## EXPRESSÃO ESCRITA

**1. Leia o excerto proposto e escreva textos de opinião com cerca de 180-200 palavras.**

"Aos políticos: 'menos liberalismo e mais carácter'; aos homens de letras: 'menos eloquência e mais ideia'; aos cidadãos em geral: 'menos progresso e mais moral'."

Eça de Queirós, *Os Maias*, 1888

**2. Comente o provérbio português que se segue num texto com cerca de 150 palavras.**

"Numa casa onde não há pão, todos ralham e ninguém tem razão."

**3. Leia o seguinte excerto do texto de José Saramago e redija uma carta semelhante para alguém que admire.**

*"Tens noventa anos. És velha, dolorida. Dizes-me que foste a mais bela rapariga do teu tempo – e eu acredito. Não sabes ler. Tens as mãos grossas e deformadas, os pés encortiçados. Carregaste à cabeça toneladas de restolho e lenha, albufeiras de água. (…) Viste nascer o sol todos os dias.*

*Não entendes de política, nem de economia, nem de literatura, nem de filosofia, nem de religião. Herdaste umas centenas de palavras práticas, um vocabulário elementar. Com isto viveste e vais vivendo. És sensível às catástrofes e também aos casos de rua, aos casamentos de princesas e ao roubo dos coelhos da vizinha. Tens grandes ódios por motivos de que já perdeste lembrança, grandes dedicações que assentam em coisa nenhuma. Vives."*

José Saramago, "Carta para Josefa, minha avó", *Deste Mundo e do Outro*, 1971

## ASPETOS CULTURAIS E INTERCULTURALIDADE

**DIETA MEDITERRÂNICA**

**Objetivos: conhecer a Dieta Mediterrânica e compará-la com a dieta específica de outros países.**

**1. Leia o texto e responda às perguntas.**

**"Dieta Mediterrânica" na Lista do Património Imaterial (2013)**

A "Dieta Mediterrânica", candidatura apresentada por Chipre, Croácia, Espanha, Grécia, Itália, Marrocos e Portugal, foi inscrita na Lista Representativa do Património Cultural Imaterial da Humanidade, no decurso da 8ª sessão (2013) do Comité do Património Imaterial que decorreu em Baku, no Azerbaijão.

A Dieta Mediterrânica envolve um conjunto de saberes-fazer, conhecimentos, rituais, símbolos e tradições sobre técnicas agrícolas, pesca, criação de gado, conservação, processamento, preparação e, especialmente, partilha e consumo de alimentos.

A convivialidade à mesa constitui elemento vital da identidade cultural e da continuidade das comunidades em toda a bacia do mediterrâneo, sendo um momento de troca social e de comunicação, uma afirmação e renovação da identidade da família, do grupo ou da comunidade. A dieta mediterrânica enfatiza valores da hospitalidade, vizinhança, diálogo intercultural e criatividade, desempenhando um papel vital em espaços culturais, festivais e celebrações, reunindo pessoas de todas as idades, condições e classes sociais.

Inscrita na Lista Representativa em novembro de 2010 por Espanha, Itália, Grécia e Marrocos, a extensão da inscrição da Dieta Mediterrânica a Portugal, Chipre e Croácia exigia, no âmbito da Convenção, a apresentação de uma nova candidatura que reunisse todos os países interessados, tendo Portugal coordenado este processo. No nosso país, e seguindo a lógica da candidatura anterior, foi escolhida Tavira, no Algarve, como comunidade representativa da "Dieta Mediterrânica".

A preparação da candidatura foi realizada em Portugal por um Grupo de Trabalho que integrou representantes de um conjunto alargado de entidades publicas e privadas (...).

Este Grupo de Trabalho tem vindo a desenvolver várias atividades de salvaguarda da Dieta Mediterrânica, entre as quais uma ação de apoio à candidatura promovida pela embaixada do Reino de Marrocos em Lisboa, a criação de um logotipo da Dieta Mediterrânica, a produção de uma brochura informativa, a realização da exposição "Dieta Mediterrânica, património cultural milenar" no Museu Municipal de Tavira, a organização de um ciclo de seminários dedicados ao tema "Dieta Mediterrânica" na Universidade do Algarve, bem como uma sessão de apresentação da candidatura da Dieta Mediterrânica no salão nobre da Assembleia da República, entre outras (...).

https://unescoportugal.mne.gov.pt (Texto adaptado e com supressões)

1. Que tipo de tradições e conhecimentos envolve a Dieta Mediterrânica?

2. "A convivialidade à mesa constitui elemento vital da identidade cultural e da continuidade das comunidades em toda a bacia do mediterrâneo, sendo um momento de troca social e de comunicação, uma afirmação e renovação da identidade da família, do grupo ou da comunidade." Num texto com cerca de 80 palavras, comente esta frase comparando-a com a realidade no seu país.

**2. Comente cada um dos princípios apresentados, comparando-os com os hábitos no seu país.**

   **1.** Frugalidade e cozinha simples.

   **2.** Elevado consumo de produtos vegetais em detrimento do consumo de alimentos de origem animal.

   **3.** Consumo de produtos vegetais produzidos localmente, frescos e da época.

   **4.** Consumo de azeite.

   **5.** Consumo moderado de laticínios.

   **6.** Utilização de ervas aromáticas.

   **7.** Consumo frequente de pescado.

   **8.** Consumo baixo e moderado de vinho.

   **9.** Água como principal bebida.

   **10**. Convivialidade à volta da mesa.

**3. Leia as receitas seguintes e identifique os elementos próprios da Dieta Mediterrânica.**

**1.** Frango no forno com batatas

Uma receita de frango no forno com batatas fácil e prática de preparar, pronta em apenas 35 minutos. Junte os ingredientes num só tabuleiro e deixe-os cozinhar até ficarem dourados e suculentos.

dieta mediterrânica | sem glúten | sem leite

Fácil | 35 minutos | 6 pessoas

### Ingredientes

- 12 pernas de frango
- 3 limões (sumo)
- 1 colher de sopa de pimentão-doce
- 1 colher de sopa de sal
- 500 g de batata Primor
- 500 g de tomate Cherry com rama
- 5 colheres de sopa de azeite
- 12 azeitonas pretas sem caroço
- Pimenta-preta q.b.

Nota: Receita com baixo teor de sal.

### Preparação

1. Pré-aqueça o forno a 190 °C.
2. Tempere o frango com sumo de 2 limões, o pimentão-doce, metade do sal e um pouco de pimenta e coloque-o num tabuleiro de forno.
3. À volta, disponha as batatas cortadas ao meio, rodelas do restante limão e o tomate com a rama, e tempere tudo com o restante sal e um pouco de pimenta.
4. Regue com o azeite e leve ao forno durante cerca de 30 minutos, regando com um pouco de água sempre que necessário. Antes de retirar, adicione as azeitonas e leve ao forno durante mais 2 minutos.

https://www.pingodoce.pt

Frango no forno com batatas – elementos da Dieta Mediterrânica

_____

_____

_____

_____

_____

**2.** Creme de lentilhas com abóbora

Uma sopa consistente preparada com lentilhas e abóbora. Toda a cremosidade e sabor de uma entrada perfeita, para refeição de outono.

dieta mediterrânica | sem glúten | sem leite | vegetariana
Média | 40 minutos | 8 pessoas

## Ingredientes

- 1 talo de aipo
- 2 colheres de sopa de azeite
- 100 g de cebola congelada picada
- 500 g de abóbora limpa
- 300 g de cenoura ripada
- 2 colheres de sopa de pasta de concentrado de tomate
- 1 colher de chá de cominhos em pó
- 1 colher de sopa de sal
- 200 g de lentilhas vermelhas
- 1,4 l de água
- 1 colher de sobremesa de pimentão-doce
- 2 colheres de sopa de salsa picada
- 1 c. sopa sementes de abóbora

## Preparação

1. Lave o talo de aipo, corte-o em lâminas e leve ao lume numa panela com o azeite e a cebola.

2. Junte a abóbora cortada em cubos, a cenoura e a pasta de concentrado de tomate.

3. Polvilhe com os cominhos e o sal e mexa para misturar bem. Tape e deixe suar durante cerca de 15 minutos.

4. Passe as lentilhas por água, junte-as aos legumes e adicione a água a ferver. Tape e deixe cozinhar durante mais 15 minutos.

5. Triture a sopa com a varinha mágica ou no copo liquidificador e sirva polvilhada com o pimentão-doce, a salsa picada e as sementes de abóbora.

https://www.pingodoce.pt

Creme de lentilhas com abóbora – elementos da Dieta Mediterrânica

## QUIZ CULTURAL

**1.** **Responda às perguntas do quiz escolhendo a opção correta.**

**1.** Desde que ano faz a Dieta Mediterrânica parte da Lista do Património Imaterial da UNESCO?

**a)** 2013 ☐

**b)** 1913 ☐

**c)** 2019 ☐

**d)** 1970 ☐

**2.** Quais são os países que têm este tipo de dieta, para além de Portugal?

**a)** Chipre, Croácia, Espanha, Grécia, Inglaterra e Marrocos ☐

**b)** Chipre, Croácia, Espanha, Grécia, Itália e Marrocos ☐

**c)** Chipre, Croácia, Espanha, Noruega, Itália e Marrocos ☐

**d)** Chipre, Eslováquia, Espanha, Grécia, Itália e Marrocos ☐

**3.** A Dieta Mediterrânica propõe uma alimentação rica em que alimentos?

**a)** Carnes vermelhas e peixe ☐

**b)** Carnes brancas e vermelhas ☐

**c)** Rica em peixe e pobre em carnes vermelhas ☐

**d)** Laticínios e carne branca ☐

**4.** A Dieta Mediterrânica propõe um consumo elevado de que alimentos?

**a)** Pescado e laticínios ☐

**b)** Vegetais e alimentos de origem animal ☐

**c)** Vegetais, em vez de alimentos de origem animal ☐

**d)** Pescado e ervas aromáticas ☐

**5.** Na Dieta Mediterrânica o sal é substituído por quê?

**a)** Produtos de origem animal ☐

**b)** Ervas aromáticas ☐

**c)** Vegetais produzidos localmente ☐

**d)** Laticínios ☐

**6.** Na Dieta Mediterrânica como é que o vinho deve ser bebido?

**a)** Ao longo do dia ☐

**b)** Com moderação, mas a todas as refeições ☐

**c)** Em vez de água ☐

**d)** Com moderação, mas nas principais refeições ☐

## GRAMÁTICA

**1. Leia o texto e complete-o com os verbos na forma correta.**

**Três sessões de surf em Cabo Verde**

É a terceira vez que venho a Cabo Verde e em todas _____ (haver) uma expectativa: a de poder surfar. Não é um destino óbvio para o surf. No inverno, quando as ondulações adequadas _____ (chegar) do Atlântico Norte, há vento a mais. No verão, _____ (acalmar) o vento mas o mar também.

A primeira vez _____ (ser) em 1991. Quase ninguém _____ (saber) se havia surf em Cabo Verde, _____ (ser) um segredo bem guardado pelas poucas pessoas que já _____ (explorar) o arquipélago. Ainda hoje me interrogo se terei sido eu a inaugurar aquela onda perigosa e difícil numa baía isolada em Santiago. É verdade que eu _____ (ter) 23 anos e corria riscos sem pensar nas consequências; hoje até um café depois das quatro da tarde me _____ (fazer) hesitar pela possibilidade de uma insónia.

A segunda vez foi na ilha do Sal, há pouco tempo. Cabo Verde já se _____ (tornar) em uma das mecas do *kite* e do *windsurf* e eu _____ (regressar) na temporada alta do vento. Por isso, as ondas não _____ (estar) nas melhores condições para o surf.

Regresso agora para a terceira viagem. A sorte _____ (viajar) comigo, outra vez. O filho de um amigo de um amigo, um miúdo de 23 anos, aceita levar-me a fazer surf num *secret spot*.

Disse-me, no dia anterior, que para onde íamos não _____ (haver) nada, a viagem _____ (demorar) hora e meia por estradas de cascalho, _____ (ter) de levar toda a comida e água necessárias.

Em 1991 tinha 23 anos, agora tenho 50. _____ (ser) que quero mesmo ir com ele? Aguento quanto? Duas horas no máximo?

_____ (saber/eu) que esta sessão de surf _____ (ficar) na memória como uma das mais intensas e transcendentais da minha vida. De novo em Cabo Verde. O leitor estará a pensar: esqueceu-se de mencionar em que ilha se situa esta onda de sonho. Pois foi, _____ (esquecer-se)…

Gonçalo Cadilhe, *Visão* (Texto adaptado)

**2. Selecione a resposta correta, de acordo com as informações fornecidas pelas frases.**

**1.** Quando ele tivesse chegado à praia, telefonaria aos amigos.

   **a)** Ele telefonou aos amigos.

   **b)** Ele não telefonou aos amigos.

   **c)** Não sabemos se ele telefonou ou não aos amigos.

**2.** Mal estivessem na praia, eles faziam surf.

   **a)** Eles fizeram surf.

   **b)** Não sabemos se eles fizeram surf.

   **c)** Eles não fizeram surf.

**3.** Se eles tivessem podido sair mais cedo, tinham ido ao cinema.

   **a)** Eles foram ao cinema.

   **b)** Eles não foram ao cinema.

   **c)** Não sabemos se eles foram ao cinema.

**4.** Embora tenha estado doente, o Paulo não deixou de ir trabalhar.

   **a)** O Paulo esteve doente, mas foi trabalhar.

   **b)** O Paulo está doente e não foi trabalhar.

   **c)** O Paulo está doente, mas foi trabalhar.

**5.** No caso de terem trazido os livros, eles poderiam mostrá-los aos colegas.

   **a)** Caso tragam os livros, eles poderão mostrá-los aos colegas.

   **b)** Se trouxerem os livros, eles poderão mostrá-los aos colegas.

   **c)** Se tivessem trazido os livros, eles podiam mostrá-los aos colegas.

**6.** Depois de ter entrado em casa, ele foi preparar uma bebida quente por causa do frio.

   **a)** Quando entrou em casa, ele foi preparar uma bebida quente por causa do frio.

   **b)** Quando entrasse em casa, ele ia preparar uma bebida quente por causa do frio.

   **c)** Mal entre em casa, ele vai preparar uma bebida quente por causa do frio.

**3. Leia as frases e assinale a palavra correta.**

**1.** Hoje está muito frio na rua. O **acento / assento** do autocarro está gelado.

**2.** O prisioneiro ficou retido na **cela / sela** durante três semanas.

**3.** O Manuel **serrou / cerrou** os olhos para não ver aquele acidente.

**4.** Ele deu um excelente **conselho / concelho** à filha antes de ela se casar.

**5.** O **concerto / conserto** deste frigorífico vai ficar caríssimo.

**6.** A minha saia está rasgada. Vou pedir à minha mãe para a **coser / cozer**.

**7.** Ele nunca **trás / traz** a mala para a sala.

**4. Escreva frases com os elementos do exercício anterior.**

**1.**
**a)** acento _____
**b)** assento _____

**2.**
**a)** cela _____
**b)** sela _____

**3.**
**a)** serrou _____
**b)** cerrou _____

**4.**
**a)** conselho _____
**b)** concelho _____

**5.**
**a)** concerto _____
**b)** conserto _____

**6.**

**a)** coser _____

**b)** cozer _____

**7.**

**a)** trás _____

**b)** traz _____

## SUGESTÕES DE LEITURA

**1. Leia uma das obras propostas e complete a ficha de leitura, seguindo o modelo da Unidade 1.**

Mia Couto – *Contos do Nascer da Terra*

Pepetela – *Crónicas Maldispostas*

Fernando Pessoa – *Lisboa – O Que o Turista Deve Ver*

## EXPRESSÃO ESCRITA

**1. Leia o excerto apresentado e continue a história em cerca de 220-240 palavras.**

Uma vez um homem deitou-se, todo, em cima da terra. A areia lhe servia de almofada. Dormiu toda a manhã e quando se tentou levantar, não conseguiu. Queria mexer a cabeça: não foi capaz. Chamou a mulher e pediu-lhe ajuda.

– Veja o que me está a prender a cabeça.

A mulher espreitou por baixo da nuca do marido, puxou-lhe levemente pela testa. Em vão. O homem não desgrudava do chão.

– Então, mulher? Estou amarrado?

– Não, marido, você criou raízes.

Mia Couto, "Raízes", *Contos do Nascer da Terra*, Editorial Caminho, 1997

**2. Leia os excertos propostos e escreva textos de opinião sobre estes com cerca de 180-200 palavras.**

"O estado moral de uma sociedade pode medir-se pela maneira como trata as suas minorias."

Pepetela, "Os Fantasmas da Europa", *Crónicas Maldispostas*, 2015

"Sempre defendi que devíamos respeitar os valores positivos trazidos de geração em geração pela tradição, valores de solidariedade, comunidade, hospitalidade, consenso, respeito pelos mais velhos e muitos outros."

Pepetela "Autoridades Tradicionais", *Crónicas Maldispostas*, 2015

**3. Por volta de 1925, Fernando Pessoa escreveu o guia turístico *Lisboa – O Que o Turista Deve Ver*. Escolha um dos elementos do património apresentados na obra e escreva um texto sobre as suas principais características, mencionando as alterações que este sofreu e como está neste momento.**

## ASPETOS CULTURAIS E INTERCULTURALIDADE

### PATRIMÓNIO CULTURAL E NATURAL

**Objetivos: Definir o conceito de património; identificar algumas das principais referências do património natural e cultural português.**

**1. Leia o texto e complete o esquema sobre o Património.**

## O que é Património?

A palavra Património relaciona-se fortemente com o conceito de herança, ou seja, tudo o que é transmitido, sendo ou não palpável, de geração em geração.

O Património pode ser Natural ou Cultural.

Património Cultural é o conjunto de elementos de uma cultura, produzidos ao longo dos tempos pelo Homem e transmitido às gerações que o sucedem.

Normalmente o Património Cultural subdivide-se em Património Imóvel (constituído por estruturas construídas pelo homem, tais como castros, igrejas, mosteiros, castelos, moinhos, etc.) e Património Móvel (que encontramos geralmente nos museus de arqueologia, arte, ciência, etnologia, etc.).

O Património Cultural é ainda constituído, numa terceira subdivisão, pelo Património Cultural Imaterial.

O Património Cultural Imaterial corresponde às tradições que herdamos dos nossos antepassados e que são transmitidas entre gerações, de pais para filhos, de avós para netos, ou às vezes entre pessoas de uma mesma geração. Uma característica muito importante do Património Imaterial é o facto de as pessoas reconhecerem essas tradições como fazendo parte importante da sua história e da sua cultura, dando-lhes um sentido de pertença a uma comunidade, como por exemplo o local onde nasceram, onde vivem, ou onde trabalham. O Património Imaterial não se traduz apenas em expressões culturais que se vivenciam e partilham em comunidade (ex: uma Festa), pois com frequência estão associadas a um determinado lugar (ex: o largo ou bairro em que se realiza essa Festa), a edifícios (ex: a igreja ou capela do Santo Padroeiro da comunidade) e a objetos (ex: a imagem do Santo Padroeiro homenageado nessa mesma Festa).

O Património Imaterial está sempre associado a pessoas, pois são elas que garantem a sua existência, vivenciando-o e transmitindo-o às gerações futuras. E mesmo quando essas expressões deixam de ser vivenciadas, como por exemplo uma técnica tradicional (artesanal, agrícola, pastoril, piscatória, artística ou outra) que deixou de ser utilizada, é, em muitos casos, graças à memória das pessoas que podemos ainda conhecer essas tradições.

Instituto dos Museus e da Conservação, *Kit de recolha de património imaterial*, 2011

Disponível em: http://matrizpci.dgpc.pt (Texto adaptado)

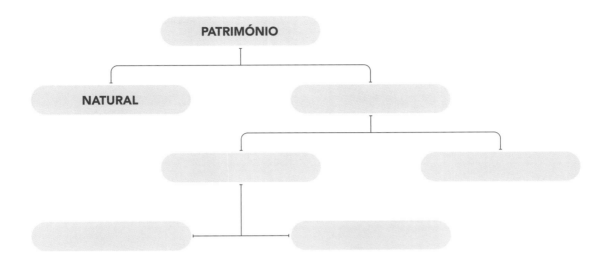

**2. Observe a lista dos elementos patrimoniais portugueses e coloque-os na categoria correta.**

Até este ano (2020), a UNESCO já efetuou 25 classificações de Património da Humanidade em Portugal, entre centros históricos, sítios arqueológicos, paisagens culturais, parques naturais e património intangível. Estes contributos portugueses para a história mundial são de visita obrigatória e um bom pretexto para conhecer o país de norte a sul.

| Património Mundial Português reconhecido pela UNESCO | Natural | Cultural | | Imaterial |
| --- | --- | --- | --- | --- |
| | | Material | | |
| | | Móvel | Imóvel | |
| Universidade de Coimbra | | | | |
| Cidade de Elvas e as Suas Fortificações | | | | |
| Fado | | | | |
| Bonecos de Estremoz | | | | |
| Centro Histórico do Porto | | | | |
| Floresta Laurissilva, Madeira | | | | |
| Dieta Mediterrânica | | | | |
| Paisagem do Alto Douro Vinhateiro | | | | |

| Património Mundial Português reconhecido pela UNESCO | Natural | Cultural | | |
|---|---|---|---|---|
| | | Material | | Imaterial |
| | | Móvel | Imóvel | |
| Cante Alentejano | | | | |
| Convento de Cristo | | | | |
| Real Edifício de Mafra | | | | |
| Mosteiro de Alcobaça | | | | |
| Fabrico de Chocalhos | | | | |
| Mosteiro dos Jerónimos e Torre de Belém | | | | |
| Manufatura de Olaria Preta de Bisalhães | | | | |
| Carnaval de Podence | | | | |
| Santuário do Bom Jesus de Braga | | | | |
| Paisagem da Vinha da Ilha do Pico, Açores | | | | |
| Centro Histórico de Évora | | | | |
| Paisagem de Sintra | | | | |
| Mosteiro da Batalha | | | | |
| Parque Arqueológico do Vale do Côa | | | | |
| Centro Histórico de Angra do Heroísmo | | | | |
| Centro Histórico de Guimarães | | | | |

**3.** Observe as imagens que se seguem sobre o Património Mundial Português e coloque o título correto, tendo em conta o quadro do exercício 2, e de acordo com o exemplo.

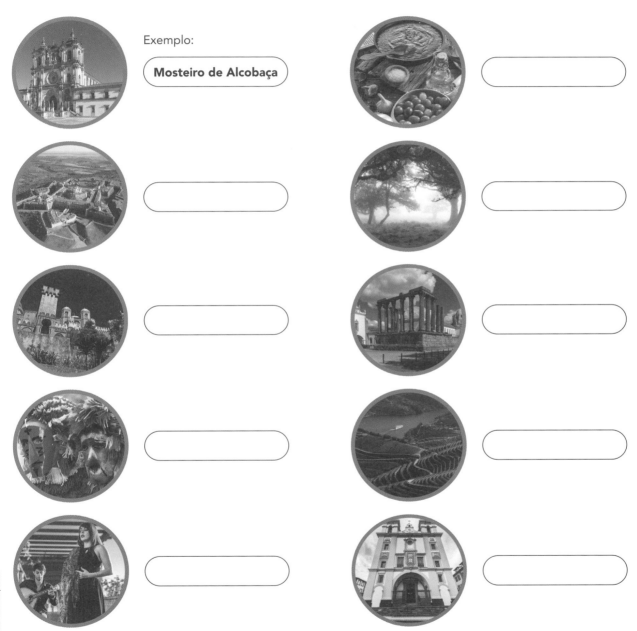

Exemplo:

Mosteiro de Alcobaça

 **QUIZ CULTURAL**

**1. Responda às perguntas do quiz escolhendo a opção correta.**

**1.** Em que dois grandes grupos se divide o Património?

   **a)** Natural e Material ☐

   **b)** Natural e Imaterial ☐

   **c)** Natural e Cultural ☐

   **d)** Móvel e Imóvel ☐

**2.** Como se chama o Património Cultural que está nos museus?

   **a)** Património Cultural Imóvel ☐

   **b)** Património Cultural Móvel ☐

   **c)** Património Natural ☐

   **d)** Património Imaterial ☐

**3.** O Mosteiro da Batalha é um exemplo de que tipo de Património?

   **a)** Património Cultural Imóvel ☐

   **b)** Património Cultural Móvel ☐

   **c)** Património Natural ☐

   **d)** Património Imaterial ☐

**4.** Que nome se dá ao Património Arquitetónico?

   **a)** Património Cultural Imóvel ☐

   **b)** Património Cultural Móvel ☐

   **c)** Património Natural ☐

   **d)** Património Imaterial ☐

**5.** Que nome se dá ao Património que não é palpável, que herdamos dos antepassados e transmitimos às gerações futuras?

**a)** Património Cultural Imóvel ☐

**b)** Património Cultural Móvel ☐

**c)** Património Natural ☐

**d)** Património Imaterial ☐

### GRAMÁTICA

1. Leia esta entrevista ao pensador português Eduardo Lourenço, realizada em 2003, e complete os espaços com o verbo na forma correta.

*Vaca sagrada da cultura portuguesa? Não me sinto, mas pelos vistos tomam-me!*

**Quem é o Eduardo Lourenço de Faria?**

Se me _____ (conhecer) minimamente, como seria sua obrigação, não me fazia essa pergunta porque sabe que ela não tem resposta. E, sobretudo, resposta minha. Em geral, nós _____ (ser) o discurso dos outros. Nós, por nós próprios, não _____ (ter) discurso. Não _____ (dever) ter. Mas mesmo que _____ (querer) ter, também não tínhamos. (...) Culturalmente, no domínio da imagem pública, eu _____ (ser) um ensaísta. (...)

**Quando se _____ (olhar) ao espelho no dia em que _____ (fazer) 80 anos não se perguntará: quem é este Eduardo Lourenço de Faria?**

A gente vê sempre qualquer coisa de atrasada realmente a nós próprios. Do que eu tenho medo é de que no espelho não _____ (ver) nada. Não _____ (ter) imagem. Uma das minhas características é a de _____ (querer) estar ao lado, de _____ (perceber) que estou acompanhado por mim próprio. Fui um pouco um anjo da guarda de mim mesmo. Para me vigiar, para não cair na tentação de pensar que _____ (ser) alguém que _____ (ter) alguma importância.

(...)

**E nessas imagens encontrou outro Eduardo Lourenço de Faria?**

(...) Quando _____ (ser) muito mais jovem, _____ (lembrar-se) de _____ (escrever) nesse diário, que não é um diário, uma coisa: "Sou como a água, sou indizível, eu não tenho cor." _____ (ter), nessa altura, um grande sentimento de inexistência, de relatividade, pouco apreensível para mim mesmo e, também, na imagem realmente dos outros. Finalmente, com o tempo a pessoa _____ (acabar) por ter uma imagem e cola-se a nós, como a nossa verdade ou como a nossa máscara, ou as duas coisas ao mesmo tempo.

(...)

**Saiu de Portugal em 1954 – ano em que casou com Annie Salomon – mas, na realidade, nunca saiu de Portugal. É ou não é verdade?**

A pergunta formulada assim equivale à descrição que faço dos portugueses e de Portugal: é um país que nunca saiu dele. Sai sem sair. (…)

**Porque é que nunca saiu?**

Porque quando _____ (partir) daqui (…), já _____ (ter) um problema com Portugal, que não _____ (ter) nada de original e singular: _____ (ser) pura e simplesmente herdeiro de toda a tradição da Geração de 70, de António Sérgio, ou do grupo da "presença". E depois, por motivos profissionais, _____ (começar) por dar aulas de cultura portuguesa, nos leitorados. Isso ainda me enraizou mais na temática portuguesa com a nossa memória portuguesa. Lá fora ainda _____ (ficar) mais empregado de Portugal do que se _____ (estar) cá dentro.

(…)

**Pedem-lhe textos sobre tudo e sobre nada: Descobrimentos, Eça, Pessoa, Camões, Iraque, América, Europa, Portugal – a lista é infindável e, às vezes, os temas de tão ridículos fica-se com a sensação de que há da sua parte quase uma obrigação para responder aos desafios. Não se sente "a vaca sagrada" da intelectualidade portuguesa?**

Eu não me _____ (sentir), mas pelos vistos tomam-me! Isso realmente é difícil para mim de assumir. Isso _____ (vir) do facto da minha tragédia subjetiva: eu não saber dizer não.

Entrevista de Adelino Gomes e Carlos Câmara Leme, *Público* (Texto adaptado e com supressões)

---

2. **Substitua as palavras/expressões das seguintes frases do texto anterior que estão sublinhadas por outras de sentido equivalente.**

**1.** Vaca sagrada da cultura portuguesa? Não me sinto, mas pelos vistos tomam-me!

_____

_____

**2.** Fui um pouco um anjo da guarda de mim mesmo.

_____

_____

**3.** A pergunta formulada assim equivale à descrição que faço dos portugueses e de Portugal: é um país que nunca saiu dele.

_____

_____

93

**4.** Pedem-lhe textos <u>sobre tudo e sobre nada</u>, a lista é <u>infindável</u> e, às vezes, os temas de tão ridículos <u>fica-se com a sensação de que</u> há da sua parte quase uma obrigação para responder aos desafios.

_____

_____

## 3. Complete o texto com as preposições corretas, contraídas ou não com artigo.

– Vivaldo! Vivaldo! Vivaldo! Vivaldo! – gritava o chefe _____ repartição, mas ele ouvia aquela voz lá muito _____ fundo, a desaparecer _____ esquina.

Foi assim que a minha avó me começou _____ contar a história _____ Vivaldo Bonfim, o meu pai. Ele trabalhava _____ 7.º Bairro Fiscal e achava-se num mundo entediante, chato, plano, aborrecido, cheio _____ papéis, papeladas e outras burocracias que se fazem _____ a madeira _____ árvores. Era um mundo desprovido _____ literatura. A minha mãe estava grávida _____ mim, eu nadava _____ seu útero, dava voltas como _____ máquina _____ lavar, nessa altura fatídica. O meu pai só pensava _____ livros (livros e mais livros!), mas a vida não era _____ mesma opinião, a vida dele pensava noutras coisas, andava distraída, e ele teve _____ se empregar. A vida, muitas vezes, não tem consideração nenhuma _____ aquilo _____ que gostamos. Contudo, o meu pai levava livros (livros e mais livros) _____ a repartição de finanças e lia _____ escondidas sempre que podia. Não é uma atitude que se aconselhe, mas era mais forte _____ que ele. O meu pai amava a literatura acima de tudo. Punha sempre um livro debaixo _____ modelo B, impressos de alterações de atividade e outros papéis _____ nomes ilustres, e lia discretamente, fingindo trabalhar. Não era uma atitude muito bonita, mas o meu pai só pensava _____ livros. Foi isto que a minha avó me contou _____ os seus pensamentos cheios _____ rugas _____ testa.

Nunca conheci o meu pai. Quando nasci, já ele não andava aqui neste mundo.

Afonso Cruz, *Os Livros Que Devoraram o Meu Pai*, 2020

**4. Leia os textos que se seguem e complete-os, colocando apenas uma palavra nos espaços em branco.**

Vhils esculpiu rosto de José Saramago _____ ao mar no dia

_____ que o escritor _____ 98 anos.

O projeto foi _____ num vídeo _____ nas redes

_____ . Saramago completaria 98 anos _____ segunda-feira.

Vhils, que _____ trabalhou num mural no Hospital de S. João, no

Porto, de homenagem aos _____ de saúde que combatem o novo

coronavírus, prometeu mais "para breve".

Saramago, o único _____ Nobel da Literatura _____ ,

nasceu a 16 de novembro de 1922, na Azinhaga. Também nesta segunda-feira, a RTP

começou a _____ a série documental "Herdeiros de Saramago", _____ aos

jovens escritores que _____ o Prémio José Saramago, _____ um ano depois de o escritor

_____ o Prémio Nobel.

https://observador.pt (Texto com supressões)

**Casa Fernando Pessoa assinala 27 anos com programação para três dias**

Em março do ano _____ , a Casa Fernando Pessoa encerrou _____ obras de _____

e _____ em agosto deste ano, "mais acessível".

"Elementos da equipa de mediação da Casa abrem _____ e criam pontes para _____ no

_____ universo pessoano, e _____ todos os nomes que Pessoa _____ para

_____ os seus textos, as figuras imaginárias que _____ , os livros que _____ e

como era a vida nas casas, ruas e cafés de Lisboa nos primeiros anos do século XX", descreve o programa da

_____ , que _____ um custo de seis euros.

Esta visita _____ começa por uma "enigmática mensagem" _____ por Fernando Pessoa, a lápis,

na véspera de morrer, frase esta que _____ fecha a exposição.

Nos dias 28 e 29 _____ ainda um _____ não presencial que se chama "Leituras ao Ouvido de

fim de semana", e que _____ em chamadas _____ , com textos curtos e poemas. As inscrições

são _____ de manhã, por email, Facebook ou Instagram, e os _____ decorrem da parte da tarde.

https://publico.pt (Texto adaptado e com supressões)

## SUGESTÕES DE LEITURA

**1. Leia uma das obras propostas e complete a ficha de leitura, seguindo o modelo da Unidade 1.**

Afonso Cruz – *Os Livros Que Devoraram o Meu Pai*

José Saramago – *O Ano da Morte de Ricardo Reis*

Agostinho da Silva – *Sete Cartas a Um Jovem Filósofo*

## EXPRESSÃO ESCRITA

**1. Leia os excertos apresentados e escreva textos de opinião com cerca de 200-220 palavras.**

"A vida, muitas vezes, não tem consideração nenhuma por aquilo de que gostamos."

Afonso Cruz, *Os Livros Que Devoraram o Meu Pai*, 2010

"(…) a solidão não é viver só, a solidão é não sermos capazes de fazer companhia a alguém ou a alguma coisa que está dentro de nós, a solidão não é uma árvore no meio duma planície onde só ela esteja, é a distância entre a seiva profunda e a casca, entre a folha e a raiz (…)."

José Saramago, *O Ano da Morte de Ricardo Reis*, 1984

"Entre um homem e outro homem há barreiras que nunca se transpõem. Só sabemos, seguramente, de uma amizade ou de um amor: o que temos pelos outros. De que os outros nos amem nunca poderemos estar certos. E é por isso talvez que a grande amizade e o grande amor são aqueles que dão sem pedir, que fazem e não esperam ser feitos; que são sempre voz ativa, não passiva."

Agostinho da Silva, *Sete Cartas a Um Jovem Filósofo*, 1997

## ASPETOS CULTURAIS E INTERCULTURALIDADE

**CAMÕES E SARAMAGO**

**Objetivos: Conhecer duas figuras emblemáticas da cultura nacional: Camões e Saramago**

**1. Leia a biografia de Luís de Camões e faça os exercícios propostos.**

Poeta português, filho de Simão Vaz de Camões e de Ana de Sá e Macedo, Luís Vaz de Camões terá nascido por volta de 1524/1525, não se sabe exatamente onde, e morreu a 10 de junho de 1580, em Lisboa. Pensa-se que estudou Literatura e Filosofia em Coimbra, tendo tido como protetor o seu tio paterno, D. Bento de Camões, frade de Santa Cruz e chanceler da Universidade. Tudo indica que pertencia à pequena nobreza.

Atribuem-se-lhe vários desterros, sendo um para Ceuta, onde se bateu como soldado e em combate perdeu o olho direito – perda referida na *Canção Lembrança da Longa Saudade* – e outro para Constância, entre 1547 e 1550, obrigado, diz-se, por ofensas a uma certa dama da corte.

Depois de regressado a Lisboa, foi detido, em 1552, em consequência de uma rixa com um funcionário da Corte, e preso na cadeia do Tronco. Saiu logo no ano seguinte, inteiramente perdoado pelo agredido e pelo rei, conforme se lê numa carta enviada da Índia, para onde partiu nesse mesmo ano, quer para mais facilmente obter perdão quer para se libertar da vida lisboeta, que o não contentava.

Segundo alguns autores, terá sido por essa altura que compôs o primeiro canto de *Os Lusíadas*.

Na Índia parece não ter sido feliz. Goa dececionou-o, como se pode ler no soneto *Cá nesta Babilónia donde mana*. (…)

Voltou a Goa, naufragou na viagem na foz do Rio Mecom, mas salvou-se, nadando com um braço e erguendo com o outro, acima das vagas, o manuscrito da imortal epopeia, facto documentado no Canto X, 128. Nesse naufrágio viu morrer a sua "Dinamene", rapariga chinesa que se lhe tinha afeiçoado. A esta fatídica morte dedicou os famosos sonetos do ciclo Dinamene, entre os quais se destaca *Ah! Minha Dinamene! Assim deixaste*.

Em Goa sofreu caluniosas acusações, dolorosas perseguições e duros trabalhos, vindo Diogo do Couto a encontrá-lo em Moçambique, em 1568, "tão pobre que comia de amigos", trabalhando n'*Os Lusíadas* e no seu *Parnaso*, "livro de muita erudição, doutrina e filosofia", segundo o mesmo autor.

Em 1569, após 16 anos de desterro, regressou a Lisboa, tendo os seus amigos pago as dívidas e comprado o passaporte. Só três anos mais tarde conseguiu obter a publicação da primeira edição de *Os Lusíadas*, que lhe valeu de D. Sebastião, a quem era dedicado, uma tença anual de 15 000 réis pelo prazo de três anos e renovado pela última vez em 1582 a favor de sua mãe, que lhe sobreviveu.

Os últimos anos de Camões foram amargurados pela doença e pela miséria. Reza a tradição que se não morreu de fome foi devido à solicitude de um escravo, Jau, trazido da Índia, que ia de noite, sem o poeta saber, mendigar de porta em porta o pão do dia seguinte.

O certo é que morreu a 10 de junho de 1580, sendo o seu enterro feito a expensas de uma instituição de beneficência, a Companhia dos Cortesãos. Um fidalgo letrado seu amigo mandou inscrever-lhe na campa rasa um epitáfio significativo: "Aqui jaz Luís de Camões, príncipe dos poetas do seu tempo. Viveu pobre e miseravelmente, e assim morreu."

(…)

A 10 de junho, comemora-se o Dia de Camões, de Portugal e das Comunidades Portuguesas.

https://infopedia.pt (Texto com supressões)

1. Assinale se as frases são verdadeiras (V) ou falsas (F). Depois, transcreva os elementos textuais que comprovam a sua resposta.

| | V | F | Transcrição |
|---|---|---|---|
| **a)** Segundo os biógrafos de Camões, não existem dúvidas sobre a data do seu nascimento. | ☐ | ☐ | |
| **b)** Camões foi desterrado por motivos passionais. | ☐ | ☐ | |
| **c)** Em Lisboa, Camões esteve preso durante um ano, na sequência de um desacato. | ☐ | ☐ | |
| **d)** De acordo com os seus biógrafos, Camões terá tido uma experiência muito positiva na Ásia. | ☐ | ☐ | |
| **e)** O conjunto de sonetos dedicados a Dinamene revelam a sua dor pela perda desta sua amada. | ☐ | ☐ | |
| **f)** Camões terá enriquecido nesta sua experiência além-fronteiras. | ☐ | ☐ | |
| **g)** Camões regressou a Portugal ao fim duas décadas no Oriente. | ☐ | ☐ | |

| | V | F | Transcrição |
|---|---|---|---|
| **h)** A obra *Os Lusíadas* tinha como patrono o rei D. Sebastião. | ☐ | ☐ | |
| **i)** De acordo com a tradição, Camões foi ajudado, nos últimos anos de vida, por um escravo. | ☐ | ☐ | |
| **j)** O dia 10 de junho é o dia da morte de Camões e o dia de Portugal e das Comunidades Portuguesas. | ☐ | ☐ | |

2. Faça um mapa da viagem de Camões desde Lisboa até ao Oriente, mostrando os locais por onde passou e as datas de que há referência.

**2. Leia a biografia de José Saramago e responda às perguntas.**

A 16 de novembro de 1922, na pequena aldeia ribatejana de Azinhaga, filho e neto de camponeses, nasceu José Saramago, grande escritor de língua portuguesa e vencedor do Prémio Nobel de Literatura em 1998.

A aldeia, situada nas margens do rio Almonda, era pobre e a sua população vivia principalmente da atividade agrícola.

A família Sousa, assim era o seu nome de família, tinha a alcunha de "Saramago", nome que lhes era atribuído por serem bastante pobres e se alimentarem desta planta abundante nos campos do Ribatejo. O seu nome é, portanto, fruto de um "batismo" popular. Esta é a história que Saramago relata nas suas *Pequenas Memórias*, livro intimista publicado em 2006, em que o autor nos revela as suas origens e memórias de infância e juventude.

Com apenas dois anos, a família Sousa vai viver para Lisboa, facto que se deve à vontade de seus pais de deixarem a vida no campo e encontrarem uma nova vida na cidade. José de Sousa, seu pai, começa, então, a exercer a profissão de polícia.

É entre a sua vida na cidade e as frequentes visitas à sua aldeia natal que Saramago passa a juventude, facto que marcaria profundamente a sua vasta obra.

Apesar desta nova vida na cidade, a família Sousa nunca teve grande desafogo financeiro, pelo que Saramago teve de abandonar os seus estudos liceais e ingressar num curso profissional, onde aprendeu o ofício de serralheiro mecânico. Foi também nesta escola que Saramago descobriu o prazer da leitura e o gosto pela escrita.

Saramago torna-se, então, um autodidata e toma nas suas mãos a sua própria formação, frequentando a Biblioteca Nacional para completar a sua educação.

A vida profissional de Saramago foi bastante agitada, tendo exercido diversas profissões, desde serralheiro mecânico – no início da sua vida –, até jornalista ou tradutor, mais tarde.

Saramago publicou o seu primeiro romance, *Terra do Pecado*, em 1947, mas esteve sem publicar novamente até 1966.

Entre abril e novembro de 1975, tornou-se diretor adjunto do jornal Diário de Notícias, mas foi apenas a partir de 1976, já aos 54 anos, que passou a viver exclusivamente do seu trabalho literário.

Entre algumas das suas incontornáveis obras, como *O Evangelho Segundo Jesus Cristo*, *Caim* ou *Ensaio sobre a Cegueira*, em 1982, Saramago publica *Memorial do Convento*, obra que seria considerada por Eduardo Lourenço como uma das maiores obras de língua portuguesa.

Saramago morreu a 18 de junho de 2010, na ilha de Lanzarote, local que tinha escolhido para viver com a sua companheira e jornalista Pilar del Rio.

Dos vários prémios literários recebidos pelo autor, destaca-se o Prémio Camões, em 1995, e o Prémio Nobel de Literatura, em 1998.

1. Faça um trabalho sobre a vida e a obra de José Saramago e apresente-o em aula aos seus colegas, socorrendo--se de imagens que ilustrem locais e situações vividas pelo autor.

2. Em 2001, o autor escreveu o conto infantil "A maior flor do mundo", que pode ser visionado numa animação. Após o visionamento desta animação, que poderá ser encontrada na Internet, escreva um comentário.

3. Como se pode observar, Saramago é um exemplo de determinação e de superação por ter nascido num meio humilde e se ter tornado um grande escritor. E no seu país? Existem exemplos semelhantes na área da cultura?

## QUIZ CULTURAL

**1. Responda às perguntas do quiz escolhendo a opção correta.**

**1.** A que corresponde a celebração do dia 10 de junho em Portugal, Dia de Portugal?

**a)** À data da fundação de Portugal ☐

**b)** À data do nascimento de Luís de Camões ☐

**c)** À data da morte de Luís de Camões ☐

**d)** À data da publicação da obra *Os Lusíadas* ☐

**2.** Na Ásia, Camões passou por que terras?

**a)** Macau, Goa e Angola ☐

**b)** Goa, Moçambique e Macau ☐

**c)** Goa, Macau e Japão ☐

**d)** Macau, Angola e Goa ☐

**3.** A obra *Os Lusíadas* foi publicada em que ano e era dedicada a quem?

**a)** 1672 e era dedicada ao rei D. Sebastião. ☐

**b)** 1672 e era dedicada a sua mãe. ☐

**c)** 1569 e era dedicada ao rei D. Sebastião. ☐

**d)** 1585 e era dedicada a sua mãe. ☐

**4.** Entre outros, que prémios literários recebeu José Saramago?

**a)** O Prémio Nobel da Literatura, o Prémio Camões e o Prémio D. Dinis ☐

**b)** O Prémio Nobel da Literatura, o Prémio Camões e o Prémio Bordalo de Literatura ☐

**c)** O Prémio Nobel da Literatura, o Prémio Camões e o Prémio Miguel Torga ☐

**d)** O Prémio Nobel da Literatura, o Prémio Camões e o Prémio António Quadros ☐

**5.** Quais são, entre outros, os livros de crónicas de José Saramago?

**a)** *Memorial do Convento* e *A Jangada de Pedra* ☐

**b)** *A Viagem do Elefante* e *O Ano da Morte de Ricardo Reis* ☐

**c)** *Manual de Pintura e de Caligrafia* e *Levantado do Chão* ☐

**d)** *Deste Mundo e do Outro* e *Bagagem do Viajante* ☐

## GRAMÁTICA

**1. Leia a crónica[1] de Miguel Esteves Cardoso e assinale os elementos corretos.**

**Amo-te, Portugal**

Portugal,

Estou há que séculos para te escrever. A primeira vez que dei por ti foi quando dei pela tua falta. ***Tinha / Tive*** 19 anos e estava na Inglaterra. De repente, deixei ***de / para*** me sentir um homem do mundo e percebi, com tristeza, que ***fui / era*** apenas mais um dos teus desesperados pretendentes. (...)

Eu não queria ficar preso a ti; queria correr mundo. Passei ***a / por*** querer correr para ti – e foi para ***tu / ti*** que corri, mal pude. (...)

Já que estava apaixonado, sem maneira de me livrar – nem sequer voltando para ti e vivendo contigo mais trinta anos – que remédio tinha eu ***senão / se não*** começar a convencer-me de que ***houve / havia*** razões para te amar.

Amo-te, primeiro, por não ***seres / és*** outro país. Amo-te por ***estiveres / estares*** cheio de portugueses a falar português. Não há nenhum outro país, por muito bom ou bonito, onde isso aconteça.

Mesmo que não ***achasse / achei*** em ti senão defeitos e razões para deixar de te amar, preferia isso, mesmo deixando de te amar, a que não ***existisses / existas***.

Se ***deixares / deixasses*** de existir, o meu olhar ficava de luto e nunca mais podia olhar para o resto do mundo com os olhos inteiramente abertos ou secos ou interessados.

Para que ***continuasses / continues*** a existir, (...) trocava imediatamente ir-me embora de ti e nunca mais poder voltar e nunca mais poder ver-te, e nunca mais encontrar um português ou uma portuguesa, e nunca mais poder ler ou ouvir a língua portuguesa. (...)

Amo-te tanto que, quando ***perguntas / perguntes*** porque é que eu te amo, não fico nervoso nem irritado. (...)

Amo-te mesmo que ***sejas / fores*** impossível de conhecer ou de descrever. (...)

Como vês, não preciso de razões ***de / para*** te amar, mas tenho muitas. E boas. A primeira delas é secreta e embaraça-me confessá-la: amo-te, Portugal porque, não sei como e contra todas as provas e possibilidades, acho que ***sejas / és*** o melhor país do mundo.

---

[1] A crónica é um comentário noticioso de factos, que vive do quotidiano, mas não visa a informação. Pode ser uma espécie de narração de acontecimentos, uma apreciação de situações ou, na definição tradicional, assumir-se como relato histórico.

Pronto. Está dito. É uma vergonha **pôr / ponha** as coisas de uma maneira tão simples. (…)

Como vês não sou o romântico que estava a fingir ser, que te ama sem precisar de razões **para / por** isso. Tenho uma razão muito interesseira para te amar: acho que és o melhor país do mundo. Por muito relativista que eu seja noutras coisas, acho mesmo que tive sorte de nascer aqui. Em ti. Aqui, entre nós. (…)

Desculpa lá dizer-te isto, Portugal, mas amar-te é uma coisa simples.

Amo-te, aconteça o que **aconteça / acontecer**. (…)

Por muito que te custe ouvir (apesar de eu saber que não só não te custa nada como gostas de ouvir), digo-te: é tão grande o meu amor por ti que até consigo amar-te sem **der / dar** por isso.

Já viste?

Miguel

Miguel Esteves Cardoso, *Jornal Público* (Texto adaptado e com supressões)

**2. Leia as notícias e assinale os elementos corretos. Os textos estão escritos em Português do Brasil.**

Gato é 'preso', suspeito de furto nos EUA

Família chamou polícia da Flórida por suspeitar de tentativa de roubo, mas era apenas um felino perdido.

**Policiais / Agentes da Polícia** foram atender a **um chamado / uma chamada** por furto no estado americano da Flórida e acabaram **prendendo / por prender** o suspeito: um gato.

O "crime" ocorreu no condado de Collier. Os oficiais foram atender a um pedido de ajuda na noite de domingo **em uma / numa casa**. Barulhos levaram os moradores a achar que um furto estava em andamento. Ao chegar, descobriram que o suspeito era um gatinho.

Ele **foi levado a / foi levado para** um abrigo, onde a identificação por microchip revelou que se tratava de Bones, um gato de estimação que tinha fugido. O gato foi devolvido ao dono.

https://globo.com (Texto adaptado)

Um homem foi salvo de uma flechada pelo seu **celular / telemóvel** na Austrália, segundo a polícia.

O incidente ocorreu na terça-feira (12), em Nimbin, cidade a 150 km de Brisbane.

Um homem **estava disparando / estava a disparar** flechas em frente à casa da vítima, segundo a polícia.

A vítima **estava tirando / estava a tirar** uma foto e **registrava / registava** o incidente, quando uma flecha foi disparada em sua direção e acabou sendo **interceptada / intercetada** pelo aparelho.

O arqueiro, um homem de 39 anos, foi preso, segundo a polícia. A vítima teve apenas um ferimento leve no queixo.

https://globo.com

**Mau ambiente / Ambiente ruim** de trabalho é contagioso

Ciência confirma que dependemos das conexões com outras pessoas para poder modelar **os nossos / nossos** estados de ânimo.

Diz o ditado que uma maçã podre pode estragar as demais **numa / em uma** cesta, pois o **stresse / estresse**, por vezes, *se espalha / espalha-se* como vírus.

Vários estudos confirmam, segundo a Ordem Oficial de Psicólogos, que as pessoas **estressadas / stressadas** não estão distribuídas aleatoriamente em diferentes departamentos. (…)

De acordo com uma recente pesquisa do **Eurobarómetro / Eurobarômetro**, 53% dos trabalhadores consideram que a ansiedade relacionada com o trabalho é um dos principais riscos ocupacionais. Na verdade, estima-se que esse mal custe anualmente cerca de **20 bilhões / 20 mil milhões** de euros à União Europeia, incluindo dias de trabalho perdidos e custos de saúde associados.

Daniel Goleman, psicólogo, antropólogo, jornalista e eminência no campo da inteligência emocional, disseca como esse contágio acontece entre os altos funcionários e os empregados de uma empresa e como isso pode condicionar o desempenho geral numa organização. Durante **sua / a sua** pesquisa mais recente, Goleman descobriu que, de todos os elementos que afetam o desempenho final, o humor e os comportamentos do líder têm grande influência.

Se o estado de ânimo de um líder e as ações que o acompanham são realmente tão poderosos e podem impulsionar o sucesso nos negócios, uma **de suas / das suas** principais tarefas deve ser cuidar de sua saúde emocional. Ele tem de ser otimista, autêntico e ter energia e **comportar-se / se comportar** de modo consequente para que os funcionários sintam e ajam dessa maneira. (…)

https://brasil.elpais.com (Texto adaptado e com supressões)

## SUGESTÕES DE LEITURA

**1. Leia uma das obras propostas e complete a ficha de leitura, seguindo o modelo da Unidade 1, ou faça um resumo de uma das crónicas do livro de Alice Vieira.**

Alice Vieira – *Pezinhos de Coentrada*

José Eduardo Agualusa – *O Livro dos Camaleões*

António Lobo Antunes – *Cartas da Guerra*[2]

## EXPRESSÃO ESCRITA

**1. Leia os excertos apresentados e escreva textos de opinião com cerca de 200-220 palavras.**

"Um pequeno grupo de expressões correntes da língua portuguesa desapareceu, desde há muito, do vocabulário (reduzido, como todos os estudos provam) da grande maioria das crianças e jovens deste país, a saber: 'com licença', 'desculpe', 'obrigado' e 'se faz favor'. Nem vale a pena procurá-las. Desapareceram e pronto."

Alice Vieira, "As palavras desaparecidas", Pezinhos de Coentrada, 2006

"As relações não são necessariamente falhadas, nós é que as falhamos. E depois os outros têm inveja do amor. (...) Não são nada solidários connosco quando somos felizes. As pessoas têm imensa inveja da felicidade dos outros."

António Lobo Antunes, Público, 1994

**2. Tendo em conta a definição de crónica apresentada no exercício 1, escreva uma crónica sobre "o valor do amor e da amizade".**

**3. Escolha um dos contos de *O Livro dos Camaleões*, de Eduardo Agualusa, e faça um resumo.**

---

[2] Aconselha-se o visionamento do filme *Cartas da Guerra*, com direção de Ivo Ferreira e baseado na obra de António Lobo Antunes.

## ASPETOS CULTURAIS E INTERCULTURALIDADE

### INTERCULTURALIDADE

**Objetivos: Conhecer alguns aspetos relacionados com a interculturalidade; conhecer a presença da cultura portuguesa no Brasil e no mundo.**

**1. Leia a definição de interculturalidade e responda às perguntas.**

O conceito de interculturalidade tem uma forte relação com o de educação, ambos uma necessidade e exigência da sociedade atual. A complexidade e multiculturalidade são fenómenos intrinsecamente ligados ao mundo dos dias de hoje, onde globalização, migração, minorias e tentativas de hegemonia são realidades efetivas. A interculturalidade passa, pois, pelo desafio lançado pela globalização e suas implicações étnicas e culturais. Identidade, homogeneidade e diversidade são os eixos definidores da interculturalidade, que tem na educação e suas instituições e agentes os meios de desenvolvimento. Os valores são os da paz, da cidadania, dos direitos humanos, da igualdade, tolerância, educação multicultural. A interculturalidade visa assim não apenas a formação, mas também a integração dos grupos no todo social, perante o individualismo e a cultura consumista e imediatista da globalização. A interculturalidade pressupõe a educação democrática, a transnacionalidade da mesma e a superação dos hermetismos sociais do Estado-Nação, bem como a oposição à supremacia de culturas sobre outras.

A cidadania global, a educação e a sociedade em fusão são os valores transversais da interculturalidade social do mundo de hoje, que se pretende integradora, equitativa, justa, responsável e solidária, de modo a manter as diferenças sem subalternizações nem sobreposições e intolerâncias.

https://infopedia.pt (Texto com supressões)

1. Com que outro conceito se relaciona o de interculturalidade? Porquê?

2. Os valores da interculturalidade são "os da paz, da cidadania, dos direitos humanos, da igualdade, tolerância, educação multicultural". Comente esta frase do texto.

3. Um dos aspetos importantes para a promoção de uma sociedade integradora, equitativa, justa, responsável e solidária assenta no diálogo intercultural. Concorda? Justifique a sua resposta.

4. No seu país, que aspetos interculturais consegue identificar?

**2. Leia o texto e responda às perguntas.**

A cultura portuguesa encontra-se presente em todos os cantos do mundo. Em países como o Brasil, essa presença é ainda maior.

Portugal foi um dos países que contribuiu para a construção do Brasil, desde o momento em que Pedro Álvares Cabral, em 1500, descobriu as terras que atualmente dão lugar ao país tal como o conhecemos. E ainda hoje é possível observar marcas da cultura portuguesa, para além da língua.

### Construção

Situada numa rua de nome português, na Rua Luís de Camões, bem no centro do Rio de Janeiro, pode encontrar o Real Gabinete Português de Leitura.

Foi fundado em 1837, ao estilo manuelino, de forma a assinalar os 300 anos da morte de Luís de Camões, por iniciativa de 43 portugueses imigrantes.

Aqui, pode observar os mais de 350 mil volumes, que continuam sob a alçada de instituições como a Escola Portuguesa do Rio de Janeiro – sendo a maior coleção de livros portugueses fora de Portugal, e toda a arquitetura e decoração.

O seu interior é de suster a respiração. Os tetos, as enormes estantes e as paredes em tom verde. Já no seu exterior, a fachada remete-nos para o Mosteiro dos Jerónimos, em Lisboa.

Tal como outras duas bibliotecas portuguesas, o Real Gabinete Português de Leitura consta no livro *The World's Most Beautiful Libraries*.

### Gastronomia

Alguns dos típicos pratos brasileiros derivam da gastronomia portuguesa. A título de exemplo, a feijoada brasileira é uma adaptação do cozido português, e a cachaça brasileira teve origem no bagaço de Portugal. Também são exemplos o caldo verde, a bacalhoada e o quindim.

Várias frutas e legumes de origem portuguesa foram levados para o Brasil, muitos ainda no tempo da colonização, e passaram a incorporar a gastronomia brasileira, tais como o pepino, a alface, a cebola, o alho, entre outros.

### Dança, cantigas e festas populares

Algumas danças brasileiras foram levadas pelos portugueses há vários séculos, nomeadamente o fandango, a caninha verde e o maracatu. Esta última, estima-se que deve ter chegado ao Brasil por volta de 1700. O fandango, com origem no Barroco, é uma dança em pares que ainda hoje se mantém popular no sul do país. O folclore brasileiro teve, também ele, origem no folclore português, incorporando mitos e lendas do nosso país, tais como o bicho-papão.

No que diz respeito às "cantigas de roda", que em Portugal são passadas das gerações mais velhas para as crianças, também chegaram ao Brasil. Conhece a música "Atirei o pau ao gato"? Foi uma das cantigas portuguesas que passaram a fazer parte da cultura brasileira.

Sabia que a festas populares das Juninas tiveram origem nos Santos Populares comemorados em Portugal? Esta festa serve para homenagear São João, tal como acontece no Porto.

https://natgeo.pt

1. Faça um levantamento dos aspetos relacionados com a cultura portuguesa referidos no texto e que estão presentes no Brasil.

2. Faça uma pesquisa e identifique outros países lusófonos onde ainda existem marcas da cultura portuguesa.

3. E no seu país? Existem marcas de culturas de outros países? Quais?

4. A interculturalidade é um conceito que promove políticas e práticas que estimulam a interação, a compreensão e o respeito entre as diferentes culturas e grupos étnicos. Comente esta frase.

© Lidel – Edições Técnicas, Lda.

## QUIZ CULTURAL

**1. Responda às perguntas do quiz escolhendo a opção correta.**

**1.** Como é cada vez mais o mundo atual?

**a)** Globalizado e homogéneo ☐

**b)** Globalizado e heterogéneo ☐

**c)** Globalizado, mas pouco complexo ☐

**d)** Homogéneo e complexo ☐

**2.** Para que é importante o diálogo intercultural?

**a)** Para a promoção da equidade e da justiça ☐

**b)** Para a promoção da subalternização e da intolerância ☐

**c)** Para a promoção da desigualdade e da injustiça ☐

**d)** Para a promoção da equidade e da desigualdade ☐

**3.** No Brasil, o que é o Real Gabinete Português de Leitura?

**a)** É um monumento neomanuelino, que foi mandado construir no tempo do rei D. Manuel. ☐

**b)** É um monumento neomanuelino, que foi mandado construir no século XIX. ☐

**c)** É um monumento neomanuelino, que foi mandado construir 300 anos após o nascimento de Luís de Camões. ☐

**d)** É um monumento neomanuelino, que foi mandado construir por D. Manuel I. ☐

**4.** No Brasil, a cultura portuguesa está presente em que áreas?

**a)** Na gastronomia, na música, mas não na arquitetura ☐

**b)** Na gastronomia, na língua, na arquitetura e nas festas tradicionais ☐

**c)** Na língua, na música, mas não nas danças ☐

**d)** Na língua, na gastronomia, mas não nas festas tradicionais ☐

## GRAMÁTICA

**1. Leia um excerto do poema de José Carlos Ary dos Santos e complete-o com as preposições corretas.**

> à (2 x) / da (6 x) / de (6 x) / em (2 x) / na (2 x) / no / para / por

Estrela da Tarde[3]

Era a tarde mais longa _____ todas as tardes que me acontecia

Eu esperava _____ ti, tu não vinhas, tardavas e eu entardecia

Era tarde, tão tarde, que a boca tardando-lhe o beijo morria.

Quando à boca _____ noite surgiste _____ tarde qual rosa tardia

Quando nós nos olhámos, tardámos _____ beijo que a boca pedia

E _____ tarde ficámos, unidos, ardendo na luz que morria

Em nós dois nessa tarde _____ que tanto tardaste o sol amanhecia

Era tarde _____ mais para haver outra noite, _____ haver outro dia.

Meu amor, meu amor

Minha estrela _____ tarde

Que o luar te amanheça

E o meu corpo te guarde.

Meu amor, meu amor

Eu não tenho a certeza

Se tu és a alegria

Ou se és a tristeza.

Meu amor, meu amor

Eu não tenho a certeza!

Foi a noite mais bela de todas as noites que me adormeceram

Dos noturnos silêncios que _____ noite _____ aromas e beijos se encheram

---

[3] Este poema é cantado por Carlos do Carmo, famoso fadista português. Aconselha-se a audição deste fado, através de uma pesquisa na Internet.

Foi a noite _____ que os nossos dois corpos cansados não adormeceram

E _____ estrada mais linda _____ noite uma festa _____ fogo fizeram.

Foram noites e noites que numa só noite nos aconteceram

Era o dia _____ noite _____ todas as noites que nos precederam

Era a noite mais clara daqueles que _____ noite se deram

E entre os braços _____ noite, _____ tanto se amarem, vivendo morreram.

Ary dos Santos, *As Palavras das Cantigas*, Edições Avante, 2018

2. **Complete o texto, selecionando os elementos corretos do quadro.**

|  | A | B | C |
|---|---|---|---|
| 1 | acabaram de | acabaram por | acabaram com |
| 2 | explicá-las | explicar-lhes | explicar-lhas |
| 3 | seja | tenha sido | tivesse sido |
| 4 | saísse | teria saído | saía |
| 5 | estavas | estivesses | estiveste |
| 6 | foi | fosse | vá |
| 7 | sendo | sejamos | somos |
| 8 | encontrando | encontrar | encontre |
| 9 | casarmos | casemos | casámos |
| 10 | fosse | era | fui |
| 11 | discutir | discutam | discutem |
| 12 | resolverem | resolver | ter resolvido |
| 13 | para | de | por |
| 14 | termos sabido | sabermos | soubermos |

Antes, a Margarida e o Carlos eram um casal apaixonado, mas 1. _____ se divorciar.

Ambos tinham razões que a razão desconhece e eles tentaram 2. _____ aos amigos…

Margarida: Se ele não 3. _____ tão egoísta, nada disto teria acontecido.

Carlos: E se tu não tivesses estado sempre a trabalhar e me tivesses dado mais atenção, eu não 4. _____ de casa.

Margarida: Mas tu nunca 5. _____ em casa também…

Carlos: Eu nunca pensei que ela 6. _____ pedir o divórcio após vinte anos de casamento.

Margarida: Mais vale tarde do que nunca.

Carlos: O que queres dizer com isso?

Margarida: Que ainda podemos ser felizes, mesmo 7. _____ mais velhos.

Carlos: Mesmo que eu 8. _____ alguém, nunca voltarei a casar. Agora quero ser livre como um pássaro.

Margarida: Não foi isso que disseste quando 9. _____ , pois não?

Carlos: Não, não foi. Mas nessa altura eu 10. _____ jovem e ingénuo.

Margarida: E eu acreditava no amor…

Paulo: Mas vocês já tentaram falar sem 11. _____ ? Não vos parece que antes podiam 12. _____ as coisas de outro modo?

Carlos: Fala com ela. Não fui eu quem pediu o divórcio em primeiro lugar.

Margarida: Não há nada 13. _____ falar. Agora só temos de ver quem fica com a Ritinha. Já sabes que ela tem de ir à rua três vezes ao dia e só come bifes do lombo.

Carlos: Vamos perguntar ao veterinário para 14. _____ o que é melhor para ela. Não queremos que ela fique traumatizada, não é?

## SUGESTÕES DE LEITURA

**1. Leia uma das obras propostas e complete a ficha de leitura, seguindo modelo da Unidade 1.**

Eduardo Sá – *Tudo o Que o Amor não É*

João Tordo – *Felicidade*

## EXPRESSÃO ESCRITA

1. **Leia o excerto apresentado e escreva um texto de opinião com cerca de 200-220 palavras.**

"Não é verdade que no coração existam quatro cavidades. Na verdade, o coração divide-se em tantas assoalhadas quantas as pessoas que ocupam um lugar dentro de nós."

Eduardo Sá, *Tudo o Que o Amor não É*, Oficina do Livro, 2003

2. **Leia a crítica ao romance de João Tordo, *Felicidade*, e, após fazer a sua própria leitura, diga se concorda e acrescente as suas apreciações.**

"'Este é um romance de ironia e humor, de remorso e melancolia, que aborda os temas do amor e da morte, e das pulsões humanas que os unem', explicou a editora, realçando que João Tordo confessou que este foi o livro que mais gostou de escrever."

https://noticiasaominuto.com

## ASPETOS CULTURAIS E INTERCULTURALIDADE

**FADO – PATRIMÓNIO CULTURAL IMATERIAL DA HUMANIDADE**

**Objetivos:** Conhecer alguns aspetos históricos relacionados com o Fado; conhecer alguns tipos de Fado.

**1. Leia o texto e responda às perguntas.**

### História do Fado

Não adianta explicar o fado. Quem tentou, perdeu-se em referências e datas contraditórias e não lhe encontrou o rasto. Há quem diga que nasceu dos cânticos mouros, entre as gentes que fundaram o bairro da Mouraria, em Lisboa, após a reconquista cristã. Outros acreditam que veio substituir a canção de gesta medieval, embora também se especule se não terá evoluído a partir da modinha, popular nos séculos XVIII e XIX, e resultado numa fusão com o lundu, de origem angolana. Quer mesmo saber a origem do fado? Para quê, se o mistério lhe fica tão bem? Oiça-o, de preferência no seu habitat, que é nas ruas dos bairros típicos lisboetas, e deixe-se perder com ele, em improvisos de guitarra. É assim que o encontra.

Fado é uma palavra que vem do latim e significa "destino". Ter na raiz algo tão denso e grave como o destino marcou-lhe o carácter. É por isso que gosta tanto de cantar emoções fortes, amores e desamores, traições, ciúmes, vinganças e desgraças. Mas, ao contrário do que afirmam, o fado nem sempre é triste. Tantas vezes atrevido e boémio, sabe como ninguém cantar a graça do seu povo: as varinas, os marinheiros, os vadios, as gaiatas, enfim, toda a movida de Lisboa.

A única certeza que existe em relação às origens do fado é que nasceu no coração desta cidade, fruto de um caldo de cultura que mistura mouros com gente do mar. Daí o namoro pegado com os seus bairros centenários e as suas vielas de traça moura a descer pelas encostas até ao cais.

Embora de cariz popular, a canção de Lisboa também seduziu a aristocracia boémia, de tal forma que da história do fado faz parte o mito do envolvimento amoroso de um aristocrata, o Conde de Vimioso, com a Maria Severa Onofriana (1820-1846), meretriz consagrada pelos seus dotes de cantadeira. Desta lenda versam muitos fados e até sobre ela se escreveu um romance.

O fado mais antigo é o "fado do marinheiro", que constituiu o modelo para todos os outros. Desta raiz comum partiram vários caminhos, que resultaram em estilos diversos: fado castiço, fado aristocrata, fado corrido, fado boémio são algumas das facetas desta velha toada lisboeta. Até se institucionalizar o hábito de ouvir fado em casas da especialidade, a canção de Lisboa corria livre pela boca de artistas amadores. Só a partir dos anos 30 as casas de fado surgiram em força, sobretudo no Bairro Alto. Esta evolução afastou-o do improviso, mas não o bastante para acabar de vez com as tasquinhas onde as atuações espontâneas se sucedem ao sabor da inspiração do momento. (…)

O tempo de ouro do fado começa nos anos 40. A partir dessa década e até aos anos 60 multiplicam-se talentos e nascem estrelas de primeira grandeza, como Amália, que levam finalmente o fado aos quatro cantos do mundo, consagrando-o nos circuitos da World Music. Em anos mais recentes uma nova geração de fadistas e instrumentistas tem trazido ao fado sons de fusão que, sem lhe alterarem o carácter, conferem insuspeitadas facetas. Em novembro de 2011 o fado foi declarado pela Unesco Património Cultural Imaterial da Humanidade. E a história do fado, claro, não acaba aqui...

https://visitlisboa.com (Texto com supressões)

1. Que características apresenta o Fado?

2. Em que ano foi considerado Património Cultural Imaterial da Humanidade pela UNESCO?

3. Qual é o fado mais antigo de que há registo?

4. Que temas canta o Fado?

5. Indique o nome de uma fadista evocada no texto e que é considerada por todos os portugueses como a "rainha do Fado".

**2. Faça uma pesquisa e identifique as imagens apresentadas, escrevendo uma frase sobre a sua função.**

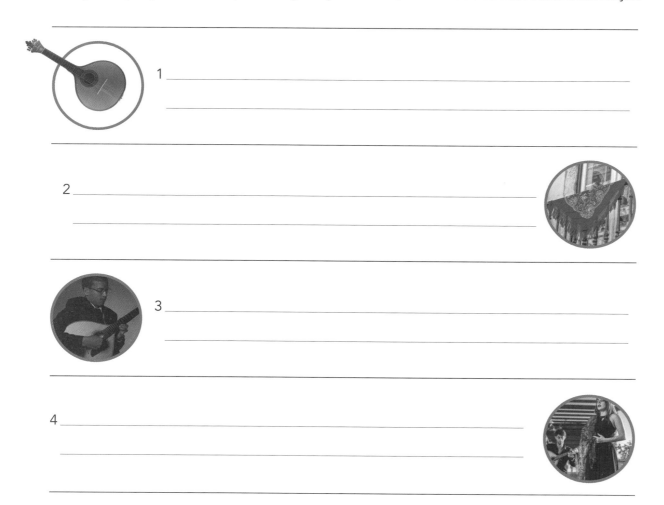

1 _____

2 _____

3 _____

4 _____

**3. Faça uma pequena pesquisa e escolha o título correto para cada texto.**

> **Fado de Coimbra / Fado Menor / Fado de Lisboa / Fado Vadio / Fado Corrido**

**1.** Título: _____

Este tipo de fado caracteriza-se principalmente por ser cantado por estudantes, retratando a sua vida boémia, mas também os seus corações sofredores. É especialmente apreciado nas Queimas das Fitas.

**2.** Título: _____

É um fado cantado e bailado, por vezes denominado simplesmente por fadinho, com um ritmo mais acelerado. Disseminado por todo o país, com uma estrutura musical e origens completamente diferentes do fado primitivo ou lamentoso, que é apenas cantado (não bailado). É um fado alegre.

**3.** Título: _____

Este tipo de fado surgiu no século XIX em tabernas de alguns bairros da cidade. Canta a saudade, o amor, a angústia, o sofrimento e a vida quotidiana. É o estilo de fado que podemos ouvir ainda nas Casas de Fado dos bairros mais típicos, como Alfama, Mouraria ou Madragoa.

**4.** Título: _____

Este fado é triste e melancólico e também é um dos géneros mais interpretados pelos nossos fadistas. Tem características próprias no que diz respeito aos acordes.

**5.** Título: _____

Este fado é cantado por amadores que gostam apenas de cantar e mostrar a sua alma e emoções. Muitos fadistas profissionais iniciam-se neste fado.

## QUIZ CULTURAL

**1. Responda às perguntas do quiz escolhendo a opção correta.**

**1.** Quando é que o Fado surgiu?

   **a)** Surgiu em Lisboa no século xx. ☐

   **b)** Surgiu em Coimbra no século xx. ☐

   **c)** Surgiu em Lisboa no século xix. ☐

   **d)** Tem uma origem contraditória, mas sabe-se que nasceu em Lisboa. ☐

**2.** Qual é o significado da palavra "Fado"?

   **a)** Destino ☐

   **b)** Futuro ☐

   **c)** Esperança ☐

   **d)** Tristeza ☐

**3.** Quem era Maria Severa?

   **a)** Era uma famosa fadista da nobreza. ☐

   **b)** Era uma mulher do povo, famosa por ser amante de um conde. ☐

   **c)** Era uma famosa fadista do século xix. ☐

   **d)** É uma fadista contemporânea. ☐

**4.** O que é o Fado de Coimbra?

   **a)** É um fado estudantil. ☐

   **b)** É um tipo de fado bailado. ☐

   **c)** É um tipo de fado cantado por amadores. ☐

   **d)** É um tipo de fado apenas cantado em Lisboa. ☐

**5.** Que tipo de fado é o Fado Vadio?

a) É um tipo de fado cantado exclusivamente por profissionais. ☐

b) É um tipo de fado cantado por amadores. ☐

c) É um tipo de fado cantado na Queima das Fitas. ☐

d) É um tipo de fado apenas cantado em Lisboa. ☐

**6.** O que é o Fado do Corrido?

a) É um tipo de fado que se situa apenas num local. ☐

b) É um tipo de fado melancólico e calmo. ☐

c) É um tipo de fado apenas cantado. ☐

d) É um tipo de fado que se propagou por todo o país. ☐

## GRAMÁTICA

**1. Leia o texto e complete cada espaço com apenas uma palavra.**

**No Martinho da Arcada, Fernando Pessoa continua vivo**

A 27 de novembro 1935, dois amigos sentaram-se _____ última vez numa das mesas do Martinho da Arcada _____ beber uma bica. _____ maiores do seu tempo, Fernando Pessoa e Almada Negreiros conversaram _____ algumas horas, beberam um café e despediram-se.

Três dias _____, Pessoa morreria no Hospital de São Luís dos Franceses e este encontro ainda hoje é _____ como a última vez que o poeta entrou no seu local _____, em Lisboa. Foi _____ que passou tardes a escrever na mesa _____ canto, que mais tarde _____ batizada _____ o seu nome.

Os amigos juntavam-se a ele com frequência e um desses momentos foi _____ e posteriormente _____ a 23 de dezembro de 1928 n'*O Notícias Ilustrado*, a revista dirigida pelo realizador Leitão de Barros e, entre 1928 e 1935, publicada ao domingo com o *Diário de Notícias*.

Na imagem, quatro nomes da literatura portuguesa _____ uma cerveja. _____ de Pessoa, vemos o escritor António Botto, _____ obra o próprio Pessoa editou, Raul Leal, escritor e poeta, e Augusto Ferreira Leal, um poeta modernista _____ colaborou com as revistas *Orpheu*, *Contemporânea* e *Athena*. Era um dos amigos mais _____ do poeta e dedicou-lhe livros seus.

Ainda hoje, 82 anos _____ a sua morte, as paredes do café estão cheias _____ memórias do _____ escritor português do século XX. E há quem _____ fila para tirar uma fotografia na mesa de Pessoa.

**Mesas ilustres**

Eduardo Lourenço, José Saramago, Júlio Pomar, Manoel de Oliveira, Ruy de Carvalho são outros dos homenageados no Martinho da Arcada com mesas batizadas em _____ dos grandes _____ da cultura portuguesa.

https://noticiasmagazine.pt

**2. Leia o texto e complete com os verbos na forma correta.**

### Portugal no mundo

Intrépidos, destemidos, aventureiros e ousados. Assim são alguns lusitanos. Não importa a razão, apenas o impulso de procurar aqui fora o que não se encontra lá dentro. Admiro os que saem da sua zona de conforto e correm riscos. Os que sabem que, mesmo que _____ (regressar), nunca serão os mesmos. _____ (acontecer) comigo (mas isso é irrelevante), e sobretudo com os cinco portugueses que se _____ (seguir).

Nasceu na Póvoa do Varzim, _____ (assistir) à inauguração do canal de Suez, visitou a Palestina e foi cônsul de Portugal em Havana, Newcastle, Bristol e Paris. Viveu 12 anos na capital francesa e morreu em Neuilly sur Seine, em 1900. Os franceses _____ (chamar / a ele) o Balzac ou o Flaubert português. Mas Eça de Queiroz era um caso à parte. Único na sua escrita, mestre de uma prosa elegante, idiomática e internacional. _____ (integrar) a Geração de 70, numa ânsia de modernizar o Portugal agrário. Foi precursor do realismo e as suas obras _____ (ser), ainda hoje, extremamente pertinentes e atuais.

_____ (nascer) em Lisboa, no dia 13 de junho de 1888, mas os seus primeiros poemas _____ (escrever) em inglês. Durante muito tempo, foi nesta língua que _____ (manifestar) o seu caráter pouco convencional e a sua melancolia. Fernando Pessoa viveu na África do Sul e foi estrangeiro no seu próprio país. _____ (refugiar-se) no álcool e morreu antes que _____ (cumprir) os 50, vítima dos seus excessos. (…)

Maria Helena Vieira da Silva nasceu no mesmo dia que Pessoa, e ambos _____ (partilhar / o dia) com a data da celebração do mais internacional santo português. Viveu na Suíça, no Brasil e em França. Foi em Paris que passou a maior parte da sua vida, juntamente com o seu marido Árpád Szenes. Mas nem tudo foram rosas na trajetória pessoal da pintora. Por duas vezes, o Estado português _____ (recusar) a nacionalidade portuguesa a ambos os artistas. Apátridas e exilados no Rio de Janeiro, só em 1956 _____ (obter) a nacionalidade… francesa! Os artistas _____ (condecorar) em França, em 1960, mas o reconhecimento em Portugal só _____ (chegar) após a revolução de Abril. A artista nasceu portuguesa e morreu francesa, em Paris.

Casou com uma jornalista espanhola, ganhou o Prémio Nobel da Literatura e viveu numa ilha europeia mais perto de África que do velho continente. Não _____ (escolher) Lanzarote por acaso. Decidiu isolar-se porque _____ (estar) zangado com o mundo. Quando vivi nas Canárias visitei a sua casa e _____ (sentir) bem firme a presença do escritor português que _____ (recusar) várias vezes a nacionalidade espanhola.

▷

Crítico da sociedade capitalista e atento às injustiças sociais, Saramago usou a palavra para _____ (condenar) o abuso do poder e _____ (dar) voz aos invisíveis.

«O mundo real _____ (começar) quando _____ (sair) da nossa casa para encontrar os outros.» A frase é de Eduardo Lourenço, um dos últimos livres pensadores do nosso país. _____ (viver) na Alemanha durante algum tempo, em Itália e em França. Casou-se com uma bretonne em Dinard, (cidade que adoro e que é vizinha daquela onde vivo atualmente (…). O casal _____ (rumar) ao sul do país onde _____ (permanecer) até 1988, ano que marcou o regresso a Portugal. (…)

A ministra da Cultura, Graça Fonseca, disse que Portugal está em dívida com Eduardo Lourenço. Atrevo-me a dizer que o ensaísta talvez não _____ (ser) o mais maltratado. Muitas vezes, os homens políticos _____ (esquecer-se) das personalidades ímpares que puseram Portugal no mundo. Sabem que a vida é efémera, mas ignoram que a obra dos esquecidos é imortal.

https://sol.sapo.pt (Texto adaptado e com supressões)

## SUGESTÕES DE LEITURA

**1. Leia uma das obras propostas e complete a ficha de leitura, seguindo o modelo da Unidade 1.**

Fernando Pessoa (Bernardo Soares) – *Livro do Desassossego*

José Saramago – *O Ano da Morte de Ricardo Reis*

## EXPRESSÃO ESCRITA

**1. Leia os excertos apresentados e escreva textos de opinião com cerca de 200-220 palavras.**

"A liberdade é a possibilidade do isolamento. És livre se podes afastar-te dos homens, sem que te obrigue a procurá-los a necessidade de dinheiro, ou a necessidade gregária, ou o amor, ou a glória, ou a curiosidade, que no silêncio e na solidão não podem ter alimento. Se te é impossível viver só, nasceste escravo."

http://arquivopessoa.net

"Todas as cartas de amor são / Ridículas. / Não seriam cartas de amor se não fossem / Ridículas."

Fernando Pessoa. *Poesias de Álvaro de Campos.* Lisboa: Ática, 1944 (imp. 1993)

## ASPETOS CULTURAIS E INTERCULTURALIDADE

**MODERNISMO EM PORTUGAL – A REVISTA *ORPHEU***

**Objetivos: Conhecer alguns aspetos relacionados com a revista Orpheu; conhecer alguns artistas do primeiro modernismo português.**

**1. Leia os textos e, depois, faça uma pesquisa na Internet para realizar os exercícios.**

## O «Orpheu[4]», revista trimestral de literatura...

O «Orpheu», revista trimestral de literatura, apareceu em Março de 1915; o segundo número apareceu em Junho d'esse ano, e foi o último. Do ruído que causou, das discussões que fez nascer e do êxito, de diversa ordem, que teve não há mister que falemos; porque, ainda que hajam passado dez anos sobre as datas d'aquelas publicações, todos o não-esqueceram ou o sabem. Como todos os inovadores, fomos objecto de largo escárnio e de extensa imitação. Não esperávamos, para falar verdade, nem uma coisa nem outra; dadas elas, não nos preocupou uma, nem a outra nos envaideceu. Conjuntas, explicariam nosso intuito a quem porventura o não conhecesse. O simples escárnio nada significa; o escárnio de uns, acompanhado da imitação de outros, designa a inovação.

Este «Orpheu» diferente, na índole como na periodicidade, com que voltamos à publicidade, significa, apesar de diferente, a continuação do mesmo intuito: o do antagonismo para com a estupidez, a rotina e a incultura. Fizémo-lo primeiro com o exemplo; agora o faremos com o preceito.

Não veio o antigo «Orpheu» afirmar que se podia escrever só estranhamente. Enganaram-se aqueles que nos atribuíram o intuito de afirmar que só assim se escrevia.

Estas páginas antagónicas prosseguirão (…)

http://arquivopessoa.net

## Furacão Orpheu. Fernando Pessoa e a revista que abanou Portugal

Fernando Pessoa e Mário de Sá-Carneiro foram os grandes impulsionadores desta revista literária em dois números, introdutora do modernismo[5] em Portugal. Custava 30 centavos quando um jornal diário valia um. O país ficou virado do avesso quando viu o primeiro número de Orpheu a 24 de março de 1915. (…)

Orpheu é um grupo de homens nascidos entre o último quinquénio da década de 1880 e o primeiro da década de 1890 que se espelha nas palavras de Fernando Pessoa: "Pertenço a uma geração que ainda está por vir, cuja alma não conhece já, realmente, a sinceridade e os sentimentos sociais". (…)

---

[4] "Revista lançada em 1915, cujos dois únicos números publicados, em abril e julho, marcam o início do modernismo em Portugal. Com direção, no n.º 1, de Fernando Pessoa e do brasileiro Ronald de Carvalho, e, no n.º 2, de Fernando Pessoa e Mário de Sá-Carneiro, o escândalo provocado pela publicação de *Orpheu* deveu-se, entre outros motivos, à apresentação de práticas de escrita e correntes artísticas vanguardistas (paulismo, intersecionismo, simultaneísmo, futurismo, sensacionismo), embora surjam na revista ainda compaginadas com leituras e práticas simbolistas e decadentistas. (…)" (https://www.infopedia.pt/$orpheu).

[5] Conjunto de movimentos artísticos de vanguarda (expressionismo, futurismo, construtivismo, dadaísmo, etc.) que, entre o final do século XIX e as primeiras décadas do século XX, procuraram romper com os cânones estéticos tradicionais.

Nesta revista sem mulheres surgem, no número 2, poemas de Violante de Cysneiros; o único nome feminino de Orpheu era afinal um heterónimo do poeta açoriano Armando Côrtes-Rodrigues.

Orpheu, revista de poetas, pertença estética dos seus atores, também não tinha jornalistas. António Ferro foi escolhido para editor, por Sá-Carneiro, por ser menor de idade, o que livraria os membros do grupo fundador de terem problemas com a Justiça. Mais tarde, distinguiu-se no jornalismo e marcou como ninguém a estratégia de propaganda de Salazar.

O restaurante Irmãos Unidos, no Rossio, foi quartel-general da sua redação. "Os orpheistas, como a si próprios se designam", encontram ali um poiso de "almoços grátis", porque o local é "explorado" por um "simpático galego que é pai de Alfredo Guisado", um dos membros do grupo Orpheu, escreve o ex-jornalista Orlando Raimundo em "António Ferro – O Inventor do Salazarismo".

Orpheu, expressão do movimento modernista, alvor de Portugal Futurista, é também filho da I República, coevo do anticlericalismo, da Grande Guerra, do desencanto da República, do intenso nacionalismo patriótico que leva Pessoa a desejar "melhorar o estado de Portugal". (…)

Orpheu é um projeto luso-brasileiro. O grupo português de Orpheu diz ser de não pertença a toda e qualquer manifestação que não o prazer da arte pela arte, "a consequência do encontro das letras e da pintura", afirmando-se movimento dialético de rutura e desconstrução do passado, pois, ao mesmo tempo que rejeita a evocação saudosista do passado, arroga-se herdeiro do mesmo para, assim, afirmar um modo universalista de ser português, na busca de uma nova definição identitária que passa pelo empenhamento criativo como contributo ativo e decisivo para a antidecadentista e osmótica "única ponte entre Portugal e a Europa (…). Comprar ORPHEU é, enfim, ajudar a salvar Portugal da vergonha de não ter tido senão a literatura portuguesa. ORPHEU é todas as literaturas".

Três dos seus mais importantes elementos partiram cedo e abruptamente (Amadeo de Souza-Cardoso, Guilherme de Santa-Rita e Mário Sá Carneiro), outro retirou-se para as ilhas, outros anunciaram o seu afastamento.

Orpheu suscita imagens/leituras que atravessam o tempo. "Não é a mesma a figura de Orpheu no seu presente e no nosso. (…) o verdadeiro rosto de Orpheu não pertence nem aos que o inventaram nem aos que, fascinada ou distraidamente, experimentaram a necessidade de o complementar. Pertence à forma mesma do presente sempre outro e sempre futuro, à sua específica maneira de exorcizar o seu próprio enigma ou de o ignorar ignorando-se", assim responde Eduardo Lourenço ao inquérito "O significado histórico do 'Orpheu' – 1915/1975", que assinalou os 60 anos da revista.

Orpheu é afirmação, contradição, desconstrução. Orpheu é criação. Orpheu celebrou, em 2015, 100 anos.

https://expresso.pt (Texto adaptado e com supressões)

1. Escreva uma biografia às figuras evocadas no texto "Furacão Orpheu. Fernando Pessoa e a revista que abanou Portugal".

2. Identifique os cafés literários portugueses evocados nos textos que leu.

3. Compare os cafés literários portugueses com os que existem no seu país.

4. Analise a primeira revista *Orpheu* e identifique os artistas que nela publicaram os seus textos.

5. Compare os artistas do modernismo português evocados nos textos com outros que conheça.

 **QUIZ CULTURAL**

**Responda às perguntas do quiz escolhendo a opção correta.**

**1.** Qual era a periodicidade da revista *Orpheu*?

**a)** Anual ☐

**b)** Mensal ☐

**c)** Semestral ☐

**d)** Trimestral ☐

**2.** Quantos números foram publicados da revista *Orpheu*?

**a)** Um número ☐

**b)** Dois números ☐

**c)** Três números ☐

**d)** Quatro números ☐

**3.** Inicialmente, quem foram os grandes impulsionadores desta revista?

**a)** Fernando Pessoa e Amadeo de Sousa-Cardoso ☐

**b)** Amadeo de Sousa-Cardoso e Mário de Sá-Carneiro ☐

**c)** Fernando Pessoa e Guilherme de Santa-Rita ☐

**d)** Fernando Pessoa e Mário de Sá-Carneiro ☐

**4.** "Orpheu" refere-se também a um grupo de homens nascidos entre que anos?

**a)** 1880-1885 ☐

**b)** 1885-1895 ☐

**c)** 1890-1895 ☐

**d)** 1880-1890 ☐

**5.** Orpheu afirma-se como um movimento de quê?

**a)** Continuidade e projeção para o futuro ☐

**b)** Rutura e desconstrução do passado ☐

**c)** Recuperação do passado ☐

**d)** Evocação do passado e conciliação ☐

# UNIDADE 1

 **GRAMÁTICA**

**1.**
1. tenha lido; tenha feito
2. tenha insistido / insistisse; se tenha zangado; tem andado
3. tenha acontecido; tenha feito
4. tenham acabado / acabem; gostaria

**2.**
nos / de / em / durante / do / à / por / no / por / com

**3.**
1. toldo amável; casebre amachucado; desgrenhadas farripas de verdura; espertos regatinhos; carvalho solitário; negrura pensativa
2. Verde moço; esvoaçar leve; raízes coleantes; silvados floridos; água sussurrante; laranjais rescendentes; fumo branco e cheiroso

**4.**
Luísa entrou no salão de baile depois de a orquestra atacar a valsa. **Cabisbaixa** (O olhar no chão), deslizou **discreta** (silenciosamente) até ao fundo da sala e sentou-se num cadeirão que se encontrava atrás de uma palmeira, **tímida** (evitando o olhar dos outros convidados). **Muda** (Não falou com ninguém), mas olhou **interessada** (demoradamente) os pares que rodopiavam pela sala.
À meia-noite levantou-se, passou rente à parede **invisível** (sem que alguém notasse a sua presença). Saiu para a rua e desapareceu na escuridão.

**5.**
1. Do cimo do monte avistava-se o campo **vasto**, a perder de vista.
2. Apesar do tratamento prolongado, a ferida continuava **não cicatrizada**.
3. Foi barrado à porta da discoteca por levar a camisa **desabotoada** até meio do peito.
4. Ela olhou, embevecida, as flores **desabrochadas** e perfumadas.
5. Aos sábados o escritório não está **em funcionamento**.
6. Para amanhã teremos céu **límpido** e temperaturas suaves.
7. A Dona Ana é uma mulher **sem preconceitos** apesar da idade avançada.
8. Ela recebeu os amigos **calorosamente**.
9. Quando recebeu a notícia ficou **espantado**.

**6.**
a. 8
b. 7
c. 3
d. 2
e. 9
f. 6
g. 1
h. 5
i. 4

 **SUGESTÕES DE LEITURA**

Resposta livre.

 **EXPRESSÃO ESCRITA**

1. Resposta livre.
2. Resposta livre.
3. Resposta livre.

 **ASPETOS CULTURAIS E INTERCULTURALIDADE**

**1.**
1. Resposta livre.
2. Resposta livre.

**2.**
1. Resposta livre.

**3.**
1. Resposta livre.

**4.**
1. Não é bom da cabeça
2. É delicioso!

**5.**
1. Resposta livre.

**6.**
Sugestão de resposta:
Vénia – saudação formal pouco usada no ocidente
Genuflexão – sinal de respeito em lugares religiosos, igrejas católicas
Beija-mão – saudação muito formal, pouco habitual
Continência – saudação exclusivamente militar

**7.**
1. Cumprimento muito formal. Pode ocorrer no Japão.
2. Entregar cartão de visita. Muito habitual na China.
3. Cumprimento formal. Há um mal-entendido cultural nos países onde não é habitual contacto físico com uma mulher. O homem faz a vénia ao estilo japonês.

1. Resposta livre.

**8.**
1. Resposta livre.
2. Resposta livre.

**9.**
1. O aperto de mão; o passou-bem; o bacalhau (expressão popular)
2. Resposta livre.
3. Resposta livre.

**10.**
1. Resposta livre.
2. Resposta livre.
3. Resposta livre.
4. Resposta livre.

**11.**
1. Resposta livre

### QUIZ CULTURAL

**1.**
1. b.
2. d.
3. c.
4. c.

# UNIDADE 2

### GRAMÁTICA

**1**
1. tivesses visto
2. tivessem lido
3. tivesses feito
4. tivessem lido
5. tivesse merecido
6. tivéssemos tido
7. tivesse assustado
8. tivesse sido
9. tivesse engolido
10. tivessem visto

**2**
1. Sofia, podias ler este livro e depois fazias o resumo para nós.
   – Nem sonhem! **Leiam-no vocês**!
2. Que bom teres vindo! – **exclamou a Ana**.
3. **Acabado o trabalho**, bebeu um copo de vinho.
4. O que **viu a criança** que a assustou tanto?
5. Lá **está ela** a comer outra vez! Não resiste.
6. O que é que **tu compraste** ontem?
7. Então lá **vamos nós** outra vez ao ginásio!
8. Meu Deus! **Exclamou a mulher**. Há um incêndio em casa.

**3.**
consideram / crescerem / ridicularizam / foi acusada / foi condenada / cumprir / exponham / seja / evitando / criando / quiser / sejam / hesite / partilharem / partilhe

**4.**
por / na / de / para / pelo / numa / com / a / em / para / de / aos

**5.**
a) 8
b) 6
c) 2
d) 1
e) 3
f) 4
g) 7
h) 5
i) 9

**6.**

desempenhar
- a sua obrigação
- uma função
- uma tarefa
- um papel

desenvolver
- a capacidade
- o seu raciocínio
- um país
- o pensamento

### SUGESTÕES DE LEITURA

1. Resposta livre.
2. Resposta livre.
3. Resposta livre.
4. Resposta livre.
5. Resposta livre.

### EXPRESSÃO ESCRITA

1. Resposta livre.
2. Resposta livre.
3. Resposta livre.

### ASPETOS CULTURAIS E INTERCULTURALIDADE

**1.**
1. Resposta livre.

**2.**
1. Resposta livre.
2. Resposta livre.
3. Resposta livre.

**3.**
1. Resposta livre.
2. Resposta livre.
3. Resposta livre.

**4.**
1. Resposta livre.
2. Resposta livre.

**5.**
1. Resposta livre.
2. Resposta livre.
3. Resposta livre.

**6.**
1. Resposta livre.
2. Resposta livre.

**7.**
1. Esta expressão significa que a pessoa que a usa não tem educação e não sabe adequar a forma de tratamento à pessoa a quem se dirige.
2. Resposta livre.
3. Resposta livre.

## QUIZ CULTURAL

**1.**

1. b)
2. d)
3. d)
4. d).

# UNIDADE 3

## GRAMÁTICA

**1.**

1. tiverem analisado
2. tiveres descansado
3. liga
4. avisa
5. tiver melhorado
6. podem

**2.**
tivermos de esperar / serão vividos / Tem sido / irão atingir / morríamos / estabelece-se / estivéssemos / fosse

**3.**
no / à / de / por / debaixo / do / por / de / com

**4.**
a) 3
b) 2
c) 4
d) 1
e) 7
f) 5
g) 8
h) 6

**5.**
a cama
um freguês

| desfazer | um nó | despachar | a mercadoria |
|---|---|---|---|
| | um acordo | | o ministro |
| | dúvidas | | um trabalho |

## SUGESTÕES DE LEITURA

1. Resposta livre.
2. Resposta livre.

## EXPRESSÃO ESCRITA

1. Resposta livre.

## ASPETOS CULTURAIS E INTERCULTURALIDADE

**1.**

| Onde pescavam o bacalhau | Terra Nova |
|---|---|
| Que países faziam concorrência a Portugal na pesca do bacalhau | Espanha e França |
| Quais eram os maiores desafios que os pescadores enfrentavam | O frio, a falta de higiene, a má alimentação, o tempo longo em isolamento, a dureza do trabalho, etc. |
| Como era conservado o peixe que pescavam | Era conservado em sal, depois de limpo. |

2. Resposta livre.

3. O bacalhau seco, por ser fácil de conservar muito tempo, estava sempre disponível na casa dos portugueses, daí ser chamado de "fiel amigo". Podia contar-se sempre com ele.

4. Resposta livre.

**2.**
1. Resposta livre.
2. Resposta livre.
3. Resposta livre.
4. Resposta livre.
5. Resposta livre.

### QUIZ CULTURAL

**1.**
1. c)
2. a)
3. d)
4. a)

# UNIDADE 4

### GRAMÁTICA

**1.**

| | Ação no futuro, anterior a outra ação futura | Dúvida sobre um facto passado | Incerteza sobre um facto |
|---|---|---|---|
| 1. Mudei de casaco. **Terei esquecido** as chaves no outro bolso? | | X | |
| 2. Na próxima semana, acho que já **terei acabado** o relatório antes do seminário. | X | | |
| 3. Será que ontem o médico **terá chegado** a horas? | | X | |
| 4. Os bombeiros **terão assistido** o ferido no local do acidente. | | | X |
| 5. Os manifestantes **terão gritado** palavras duras contra o Ministro. | | | X |

**1.**
1. **Tê-lo-ei avisado** do corte de energia?
2. **Ter-lhe-ei dito** para não chegar atrasada?
3. Os manifestantes **tê-las-ão destruído**.
4. A minha avó **ter-me-á comprado** o livro que eu queria?
5. Segundo consta, os pais **ter-lhes-ão oferecido** carros de luxo.

**3.**
parecia / viu / fazem / desistiu / percebia / Sentou-se / devia / ser deitado / espera / trouxera / rugiu / aquecia / ensina / pisando / nascera / dera

**4.**

| | Maior grau de incerteza |
|---|---|
| Como não vi a Maria durante toda a tarde, perguntei-me se ela **teria ido** visitar a avó. | X |
| Como não vi a Maria durante toda a tarde, pergunto-me se ela **terá ido** visitar a avó. | |
| De acordo com os factos apurados, a aeronave **ter-se-á despenhado** durante a tempestade. | |
| De acordo com os factos apurados, a aeronave **ter-se-ia despenhado** durante a tempestade. | X |
| Segundo o relatório da polícia, o condutor **teria adormecido** ao volante do seu automóvel. | X |
| Segundo o relatório da polícia, o condutor **terá adormecido** ao volante do seu automóvel. | |

**5.**
por / sem / a / para / com / pela / dentro / para / sem / do / para / pela

**6.**
1. A funcionária **transportou** as encomendas para os Correios.
2. A avó **afastou** a criança chorosa da sala.
3. Podes **transmitir** um recado ao tio?
4. "Quem parte **sente** saudades. Quem fica saudades tem."
5. Ele é muito hábil a **manipular** as pessoas.
6. Os gatunos **roubaram** as joias e a carteira da senhora.
7. Não **te ofendas**, mas estás muito mais gordo!

**7.**
a) 7
b) 2
c) 3
d) 1
e) 6
f) 4
g) 5

### SUGESTÕES DE LEITURA

1. Resposta livre.
2. Resposta livre.

### EXPRESSÃO ESCRITA

1. Resposta livre.
2. Resposta livre.
3. Resposta livre.

## ASPETOS CULTURAIS E INTERCULTURALIDADE

**1.**
1. Resposta livre.
2. Resposta livre.
3. Resposta livre.

**2.**
1. Os rituais de passagem proporcionam um enquadramento na sociedade. Ao serem impedidos de fazer as cerimónias habituais de fim de curso, os estudantes sentem uma noção de perda de um momento importante na vida deles. Essa oportunidade passou e não se repetirá nunca mais.
2. Resposta livre.
3. Resposta livre.

**3.**
1. Resposta livre.
2. Resposta livre.
3. Resposta livre.

## QUIZ CULTURAL

**1.**
1. d)
2. b)
3. d)
4. c)

# UNIDADE 5

## GRAMÁTICA

**1.**
1. **Estando cansado**, descalçou os sapatos e deitou-se no sofá.
2. **Deitando-te** mais cedo, descansas mais.
3. **Mesmo estudando** muitíssimo, não conseguiu a média que ambicionava.
4. O rapaz parava em frente da pastelaria, **olhando** a montra carregada de bolos.
5. **Ganhando** a lotaria, compro um carro.

**2.**
tinha ido embora / inspecionando / acordasse / visse / ficaria / referindo-se / fosse / tinha sido / permitiriam / fosse / fizesse / soassem / acompanhasse / ter conseguido / seria / sairmos / tivesse lembrado / ficará / for

**3.**
em / sem / de / com / através da / ao / para

**4.**
a) 2
b) 1
c) 3
d) 4
e) 5
Ou:
a) É difícil gostar de alguém que tem sempre uma cara de enterro.
b) Quando cheguei, ele estava com uma cara amarrada.
c) A criança fica engraçada com aquela carinha de lua cheia.
d) Caramba, Zé! Porque é que estás com essa cara de poucos amigos?
e) A dona Alzira assusta-me sempre com aquela cara de quem comeu e não gostou.

**5.**
a) 3
b) 4
c) 1
d) 2
e) 8
f) 5
g) 7
h) 6

**6.**
empurrar / pegou / tiraste / tiraste / pegar / puxar

**7.**

| pegar | 1. uma doença | | tirar | 5. um dente |
|---|---|---|---|---|
| | 2. uma moda | | | 6. um curso |
| pegar-se | 3. pegar-se com alguém | | | 7. uma foto |
| | 4. ao tacho | | | 8. os sapatos |

**8.**
a) 4.
b) 5.
c) 6.
d) 1.
e) 2.
f) 8.
g) 3.
h) 7.

## SUGESTÕES DE LEITURA

1. Resposta livre.

### EXPRESSÃO ESCRITA

1. Resposta livre.

### ASPETOS CULTURAIS E INTERCULTURALIDADE

**1.**
1. As cerimónias são realizadas em casa e é a pessoa da família mais próxima do defunto que trata do corpo.
2. Resposta livre.
3. Além da cremação, em Portugal podem ser enterrados ou depositados em mausoléu.

**2.**
1. Resposta livre.
2. Resposta livre.
3. Resposta livre.
4. Resposta livre.

**3.**
1. Resposta livre.
2. Resposta livre.
3. Mostrar alegria e tocar música são tabus após uma morte, por não mostrarem respeito e luto pelo defunto.
4. Fazer o luto através do uso de roupa preta, durante um período específico.

**4.**
1. Resposta livre.
2. Resposta livre.
3. Resposta livre.

### QUIZ CULTURAL

**1.**
1. a)
2. d)
3. b)
4. d)

© Lidel – Edições Técnicas, Lda.

## UNIDADE 6

### GRAMÁTICA

**1.**
1. Ele fez-lhe um chá de gengibre **para aliviar** a dor de garganta.
2. Vamos embora **antes de começar** a chover.
3. Arrumou os papéis **de modo a não perceberem** que tinha andado a espiar.
4. **No caso de quererem** ficar mais uns dias na cidade, eu empresto-lhes a minha casa.
5. **Apesar de não gostarem** do filme, viram-no até ao fim.

**2.**
1. aceitado
2. entregues?
3. expressa
4. matado; morto
5. salvado; salvos
6. acendido; acesa
7. eleito; elegido
8. morrido; morto
9. rotos
10. extinto; extinguido

**3.**
em / por / em / pelo / pelas / para / com / a / de / para / da

**4.**
a) 4
b) 2
c) 5
d) 3
e) 1

**5.**
a) 3
b) 5
c) 1
d) 4
e) 2

**6.**
1. provava
2. reparou
3. resolver
4. resolveu
5. reparar
6. provar
7. provar
8. provou
9. reparar
10. resolve

11. provou
12. reparar

## SUGESTÕES DE LEITURA

1. Resposta livre.
2. Resposta livre.

## EXPRESSÃO ESCRITA

1. Resposta livre.

## ASPETOS CULTURAIS E INTERCULTURALIDADE

**1.**
1. Resposta livre.
2. Resposta livre.

**2.**
1. Resposta livre.

**3.**
1. Resposta livre.
2. Resposta livre.

**4.**
1. Resposta livre.
2. Resposta livre.

**5.**

| | |
|---|---|
| Profissões femininas atribuídas às portuguesas | Empregadas domésticas e porteiras |
| Profissões masculinas atribuídas aos portugueses | Trabalhadores da construção civil |
| Símbolos nacionais portugueses presentes no filme | O galo de Barcelos, o fado, o bacalhau, os símbolos religiosos nas habitações |
| Estilos de vida das personagens portuguesas | Reuniões e almoços frequentes entre portugueses; estilos de vida conservadores |
| Sonho das gerações mais velhas | Voltar para Portugal e construir uma casa na "terra" |

**6.**
1. Resposta livre.
2. Resposta livre.

**7.**
1. Resposta livre.
2. Resposta livre.
3. Tendo em conta a data da publicação (1973), nessa época, em Portugal, o serviço militar para todos os jovens do sexo masculino era obrigatório. O "decreto de mobilização geral" refere-se a essa obrigatoriedade de prestarem serviço militar. As pessoas ficariam muito felizes se o decreto "desaparecesse" e, como prémio, elegeram o bode deputado da Nação.

## QUIZ CULTURAL

**1.**
1. c)
2. d)
3. a)
4. d)

# UNIDADE 7

## GRAMÁTICA

**1.**
de / de / na / de / para / durante / com / de / de / para / de / a / com / com / com / dos / de / de / de / de / com / em

**2.**
1. Malga → "A malga de barro, atestada de azeitonas pretas"
2. Atestado → "A malga de barro, atestada de azeitonas pretas"
3. Côdea → "Espetado na côdea de um imenso pão"
4. Reluzia → "reluzia um imenso facalhão"
5. Fusca → "a fusca colher de estanho."
6. Rescendia → "que era de galinha e rescendia."

**3.**
1. Hoje ele está com muita **sede**.
2. A Manuela adora **colher** flores quando está no campo.
3. A Ana estava a ser **travessa** e a mãe zangou-se com ela.
4. Por causa da chuva intensa, houve uma **cheia** no Ribatejo.
5. Era necessário **apurar** quem era o culpado daquele crime.
6. Ela **provou** que estavam todos errados.

**4.**
voltar / demoravam / saía / entrava / parava / pudessem / lambiam / serviam / tinha / havia / sabiam / queria / Era / relembra / paravam / dava / se deu / começou / perdeu / paravam / comessem / eram / perceberam / comia / tivesse / me tornei / me lembro / casares/

### SUGESTÕES DE LEITURA

1. Resposta livre.

### EXPRESSÃO ESCRITA

1. Resposta livre.
2. Resposta livre.
3. Resposta livre.

### ASPETOS CULTURAIS E INTERCULTURALIDADE

**1.**
1. Esta dieta envolve um conjunto de saberes-fazer, conhecimentos, rituais, símbolos e tradições sobre técnicas agrícolas, pesca, criação de gado, conservação, processamento, preparação e, especialmente, partilha e consumo de alimentos.

2. Resposta livre.

**2.**
1. Resposta livre.
2. Resposta livre.
3. Resposta livre.
4. Resposta livre.
5. Resposta livre.
6. Resposta livre.
7. Resposta livre.
8. Resposta livre.
9. Resposta livre.
10. Resposta livre.

**3.**
1. Resposta livre.
2. Resposta livre.

### QUIZ CULTURAL

**1.**
1. a)
2. b)
3. c)
4. c)
5. b)
6. d)

# UNIDADE 8

### GRAMÁTICA

**1.**
houve / chegam / acalma / foi / sabia / era / tinham explorado / tinha / faz / tinha tornado / regressei / estavam / viaja / havia / demorava / teríamos / Será / Sei / ficará / esqueci-me

**2.**
1. c)
2. b)
3. b)
4. a)
5. c)
6. a)

**3.**
1. assento
2. cela
3. cerrou
4. conselho
5. conserto
6. coser
7. traz

**4.**
1. a) Acento – O acento está mal colocado nesta palavra.
   b) Assento – O meu assento está muito frio. Vou buscar outra cadeira.
2. a) Cela – O prisioneira ficou na cela até ouvir a sentença.
   b) Sela – Este cavalo não tem sela.
3. a) Serrou – Ele serrou a madeira para construir um mesa.
   b) Cerrou – O João cerrou os olhos para não ver aquele filme de terror.
4. a) Conselho – Ele nunca dá maus conselhos aos amigos.
   b) Concelho – O concelho de Lisboa tem uma área muito grande.
5. a) Conserto – Estes sapatos não têm qualquer conserto. Vou deitar fora.
   b) Concerto – No sábado, vai haver um concerto para piano e orquestra na sala de espetáculos da cidade.
6. a) Coser – A saia estava rasgada e a Ana pediu à avó para coser.
   b) Cozer – Ele vai cozer o peixe, pois é mais saudável.
7. a) Trás – Por trás da árvore, está um cão muito grande.
   b) Traz – Ele nunca traz bolas para jogar ténis. Pede sempre aos companheiros.

### SUGESTÕES DE LEITURA

**1.** Resposta livre.

## EXPRESSÃO ESCRITA

**1.** Resposta livre.
**2.** Resposta livre.
**3.** Resposta livre.

## ASPETOS CULTURAIS E INTERCULTURALIDADE

**1.**

```
                    PATRIMÓNIO
        ┌───────────────┴───────────────┐
    NATURAL                         CULTURAL
                        ┌───────────────┴───────────────┐
                    MATERIAL                        IMATERIAL
            ┌───────────┴───────────┐
        MÓVEL                   IMÓVEL
```

**2.**

| Património Mundial Português reconhecido pela UNESCO | Natural | Cultural | | |
|---|---|---|---|---|
| | | Material | | Imaterial |
| | | Móvel | Imóvel | |
| Universidade de Coimbra | | | ✓ | |
| Cidade de Elvas e as Suas Fortificações | | | ✓ | |
| Fado | | | | ✓ |
| Bonecos de Estremoz | | ✓ | | |
| Centro Histórico do Porto | | | ✓ | |
| Floresta Laurissilva, a Madeira | ✓ | | | |
| Dieta Mediterrânica | | | | ✓ |
| Paisagem do Alto Douro Vinhateiro | | | ✓ | |
| Cante Alentejano | | | | ✓ |
| Convento de Cristo | | | ✓ | |
| Real Edifício de Mafra | | | ✓ | |
| Mosteiro de Alcobaça | | | ✓ | |
| Fabrico de Chocalhos | | | | ✓ |
| Mosteiro dos Jerónimos e Torre de Belém | | | ✓ | |
| Manufatura de Olaria Preta de Bisalhães | | | ✓ | |

| | | | | |
|---|---|---|---|---|
| Carnaval de Podence | | | | ✓ |
| Santuário do Bom Jesus de Braga | | ✓ | | |
| Paisagem da Vinha da Ilha do Pico, Açores | | | ✓ | |
| Centro Histórico de Évora | | ✓ | | |
| Paisagem de Sintra | ✓ | | | |
| Mosteiro da Batalha | | | ✓ | |
| Parque Arqueológico do Vale do Côa | | | ✓ | |
| Centro Histórico de Angra do Heroísmo | | | ✓ | |
| Centro Histórico de Guimarães | | | ✓ | |

**3.**

Mosteiro de Alcobaça — Dieta Mediterrânica — Cidade de Elvas e as Suas Fortificações — Floresta Laurissilva, Madeira — Paisagem de Sintra — Centro Histórico de Évora — Carnaval de Podence — Paisagem do Alto Douro Vinhateiro — Fado — Centro Histórico de Angra do Heroísmo

## QUIZ CULTURAL

**1.**
1. c)
2. b)
3. a)
4. a)
5. d)

## UNIDADE 9

 **GRAMÁTICA**

**1.**

conhecesse / somos / temos / devemos / quiséssemos / sou / olhar / fizer / veja / tenha / querer / perceber / sou / tem / era / lembro-me / escrever / Tinha / acaba / parti / tinha / tinha / era / comecei / fiquei / estivesse / sinto / vem

**2.**
1. <u>Símbolo</u> da cultura portuguesa? Não me sinto, mas <u>parece que acham que sim</u>.
2. Fui um pouco <u>um protetor</u> de mim mesmo.
3. A pergunta <u>feita</u> assim <u>está de acordo com a caracterização</u> que faço dos portugueses e de Portugal: é um país que nunca saiu dele.
4. Pedem-lhe textos <u>acerca dos mais variados assuntos</u>, a lista é <u>interminável</u> e, às vezes, os temas de tão ridículos <u>ficamos com a ideia de que / parece que</u> há da sua parte quase uma obrigação para responder aos desafios.

**3.**
de / ao / na / a / de / no / de / com / das / de / de / no / na / de / em / da / de / por / de / para / às / do / do / de / nos / com / de / na
**4.**
junto / em / faria / divulgado / publicado / sociais / esta / recentemente / profissionais / Prémio / português / transmitir / dedicada / venceram / criado / vencer

Passado / para / remodelação / reabriu / portas / entrar / fascinante / descobrir / usou / assinar / criou / leu / iniciativa / terá / orientada / escrita / geralmente / haverá / programa / consiste / telefónicas / feitas / telefonemas

 **SUGESTÕES DE LEITURA**

1. Resposta livre.

 **EXPRESSÃO ESCRITA**

**1.**
1. Resposta livre.

 **ASPETOS CULTURAIS E INTERCULTURALIDADE**

**1.**

| | V/F | Transcrição |
|---|---|---|
| a) Segundo os biógrafos de Camões, não existem dúvidas sobre a data do seu nascimento. | F | Luís Vaz de Camões terá nascido entre 1524/1525 |
| b) Camões foi desterrado por motivos passionais. | V | Atribuem-se-lhe vários desterros (...) diz-se, por ofensas a uma certa dama da corte. |
| c) Em Lisboa, Camões esteve preso durante um ano, na sequência de um desacato. | V | Depois de regressado a Lisboa, foi detido, em 1552, em consequência de uma rixa (...) Saiu logo no ano seguinte... |
| d) De acordo com os seus biógrafos, Camões terá tido uma experiência muito positiva na Ásia. | F | Na Índia parece não ter sido feliz. Goa dececionou-o (...) |
| e) O conjunto de sonetos dedicados a Dinamene revelam a sua dor pela perda desta sua amada. | V | A esta fatídica morte dedicou os famosos sonetos do ciclo Dinamene, entre os quais se destaca *Ah! Minha Dinamene! Assim deixaste*. |
| f) Camões terá enriquecido nesta sua experiência além-fronteiras. | F | (...) vindo Diogo do Couto a encontrá-lo em Moçambique, em 1568, "tão pobre que comia de amigos" (...) |
| g) Camões regressou a Portugal ao fim duas décadas no Oriente. | F | Em 1569, após 16 anos de desterro, regressou a Lisboa (...) |
| h) A obra *Os Lusíadas* tinham como patrono o rei D. Sebastião. | V | (...) da primeira edição de *Os Lusíadas*, que lhe valeu de D. Sebastião, a quem era dedicado, uma tença anual de 15 000 réis pelo prazo de três anos |
| i) De acordo com a tradição, Camões foi ajudado, nos últimos anos de vida, por um escravo. | V | Reza a tradição que se não morreu de fome foi devido à solicitude de um escravo Jau, trazido da Índia, que ia de noite, sem o poeta saber, mendigar de porta em porta o pão do dia seguinte. |
| j) O dia 10 de junho é o dia da morte de Camões e o dia de Portugal e das Comunidades Portuguesas. | V | O certo é que morreu a 10 de junho de 1580 (...) A 10 de junho, comemora-se o Dia de Camões, de Portugal e das Comunidades Portuguesas |

2. Resposta livre.

**2.**
1. Resposta livre.
2. Resposta livre.
3. Resposta livre.

### QUIZ CULTURAL

**1.**
1. c)
2. b)
3. a)
4. b)
5. d)

# UNIDADE 10

### GRAMÁTICA

**1.**
Tinha / de / era / a / ti / senão / havia / seres / estares / achasse / existisses / deixasses / continuasses / perguntas / sejas / para / és / pôr / para / acontecer / dar

**2.**
Policiais / um chamado / prendendo / em uma / foi levado a

celular / estava disparando / estava tirando / registrava / interceptada

Ambiente ruim / nossos / em uma / estresse / se espalha estressadas / Eurobarômetro / 20 bilhões / sua / de suas / se comportar

### SUGESTÕES DE LEITURA

**1.** Resposta livre.

### EXPRESSÃO ESCRITA

**1.** Resposta livre.
**2.** Resposta livre.
**3.** Resposta livre.

### ASPETOS CULTURAIS E INTERCULTURALIDADE

**1.**
1. Com o conceito de educação, pois trata-se de uma exigência da sociedade atual, que é cada vez mais global e multicultural.
2. Resposta livre.
3. Resposta livre.
4. Resposta livre.

**2.**
1. Resposta livre.
2. Resposta livre.
3. Resposta livre.
4. Resposta livre.

### QUIZ CULTURAL

1. b)
2. a)
3. b)
4. b)

# UNIDADE 11

### GRAMÁTICA

**1.**
de / por / da / na / no / na / em / de / para / da / à / de / em / da / da / de / da / de / à / da / de /

**2.**
1. acabaram por
2. explicá-las
3. tivesse sido
4. teria saído
5. estavas
6. fosse
7. sendo
8. encontre
9. casámos
10. era
11. discutir?
12. ter resolvido
13. para
14. sabermos

## SUGESTÕES DE LEITURA

**1.** Resposta livre.

## EXPRESSÃO ESCRITA

**1.** Resposta livre.
**2.** Resposta livre.

## ASPETOS CULTURAIS E INTERCULTURALIDADE

**1.**
1. O Fado é canção popular portuguesa, geralmente interpretada por um vocalista (fadista), acompanhado por guitarra portuguesa e por guitarra clássica.
Geralmente lento e triste, sobretudo quando fala de amor ou de saudade, o Fado também pode ser animado e jovial quando aborda temas sociais ou festivos.
2. Em 2011.
3. O fado mais antigo é o "fado do marinheiro", que constituiu o modelo para todos os outros.
4. O Fado canta emoções fortes, amores e desamores, traições, ciúmes, vinganças e desgraças. Mas, ao contrário do que afirmam, o Fado nem sempre é triste. Tantas vezes atrevido e boémio, sabe como ninguém cantar a graça do seu povo: as varinas, os marinheiros, os vadios, as gaiatas, enfim, toda a movida de Lisboa.
5. Amália Rodrigues.

**2.**

**Guitarra portuguesa**
Acompanha os fadistas quando estes cantam.

**Xaile negro**
Imortalizado pela fadista Amália Rodrigues, confere ao Fado uma carga dramática.

**Guitarrista**
Músico que acompanha os fadistas à guitarra.

**Fadista**
Pessoa que canta o Fado.

**3.**
1. Fado de Coimbra
2. Fado Corrido
3. Fado de Lisboa
4. Fado Menor
5. Fado Vadio

## QUIZ CULTURAL

**1.**
1. d)
2. a)
3. c)
4. a)
5. b)
6. d)

# UNIDADE 12

## GRAMÁTICA

**1.**
pela / para / Artistas / durante / depois / recordado / favorito / ali / do / seria / com / registado / publicado / tomam / Além / cuja / que / próximos / após / de / maior / faça / honra / nomes

**2.**
regressem / Aconteceu / seguem / assistiu / chamam-lhe / Integrou / são / Nasceu / foram escritos / manifestou / Refugiou-se / tivesse cumprido / partilham-no / recusou / obtiveram / foram condecorados / chegou / escolheu / estava / senti / recusou / condenar / dar / começa / saímos / Viveu / rumou / permaneceu / tenha sido / esquecem-se

## SUGESTÕES DE LEITURA

**1.** Resposta livre.

**EXPRESSÃO ESCRITA**

**1.** Resposta livre.

**ASPETOS CULTURAIS E INTERCULTURALIDADE**

**1.**
1. Resposta livre.
2. Martinho da Arcada, Brasileira.
3. Resposta livre.
4. Resposta livre.
5. Resposta livre.

**QUIZ CULTURAL**

**1.**
1. d)
2. b)
3. d)
4. b)
5. b)

# CRÉDITOS FOTOGRÁFICOS

| Pág. | **UNIDADE 1** |
|---|---|
| 5 | © Nataba - istockphoto.com |
| 10 | © Prostock-Studio |
| 10 | © g-stockstudio |
| 10 | © JBryson |
| 10 | © Khosrork |
| 10 | © filistimlyanin |
| 10 | © wittaya suwan |
| 11 | © AaronAmat |
| 11 | © JackF |
| 11 | © mheim3011 |
| 11 | © AaronAmat |
| 11 | © pixdeluxe |
| 11 | © Débora Morais |
| 12 | © Keyshort |
| 12 | © Cunaplus_M.Faba |
| 12 | © alexat25 |
| 12 | © AaronAmat |
| 12 | © EnginKorkmaz |
| 13 | © Image Source |
| 13 | © shironosov |
| 14 | © Kritchanut |
| 14 | © Harbucks |
| 14 | © JackF |
| 14 | © Stígur Már Karlsson /Heimsmyndir |
| 14 | © miodrag ignjatovic |
| 14 | © fizkes |
| 16 | © Geber86 |
| 16 | © skynesher |
| 16 | © Pekic |
| 16 | © andresr |

| | **UNIDADE 2** |
|---|---|
| 25 | © ilbusca |

| | **UNIDADE 3** |
|---|---|
| 32 | © chendongshan |
| 34 | © Miguel Valente |
| 36 | © Yevhen Harkusha |

| | **UNIDADE 4** |
|---|---|
| 41 | © RomoloTavani |
| 44 | © rudolfoelias Fotolia.com |
| 46 | © CandyRetriever |

| | **UNIDADE 5** |
|---|---|
| 49 | © chendongshan |
| 51 | © lolostock |
| 53 | © Lukas Bittner |
| 56 | © Mykola Sosiukin |

| | **UNIDADE 6** |
|---|---|
| 62 | © KOEUTH PHEAP |
| 62 | © LuisPortugal |
| 62 | © LuisPortugal |
| 68 | © Academia Portuguesa de Cinema. A utilização deste ficheiro é regulada nos termos da licença Creative Commons - Atribuição - 3.0 Unported (https://creativecommons.org/licenses/by/3.0/deed.en) |
| 68 | © José Goulão from Lisbon, Portugal. A utilização deste ficheiro é regulada nos termos da licença Creative Commons - Atribuição - ShareAlike 2.0 Generic (https://creativecommons.org/licenses/by-sa/2.0/deed.en) |
| 68 | © Cancillería Argentina, a utilização deste ficheiro é regulada nos termos da licença Creative Commons - Atribuição 2.0 Generic: https://creativecommons.org/licenses/by/2.0/deed.en |
| 68 | © Mohan |
| 68 | © Elvira Fortunato, a utilização deste ficheiro é regulada nos termos da licença Creative Commons - Atribuição - ShareAlike 4.0 Internacional: https://creativecommons.org/licenses/by-sa/4.0/deed.en |

| | **UNIDADE 7** |
|---|---|
| 71 | © AGaeta |
| 72 | © Marat Musabirov |
| 73 | © zmurciuk_k |
| 75 | © fcafotodigital |
| 77 | © LauriPatterson |
| 78 | © Ale02 |
| 80 | © Artsy |

| | **UNIDADE 8** |
|---|---|
| 81 | © shannonstent |
| 82 | © Deagreez |
| 89 | © dvoevnore |
| 89 | © JackF |
| 89 | © BotondHorvath |
| 89 | © rudolfoelias Fotolia.com |
| 89 | © Jacek_Sopotnicki |
| 89 | © MEDITERRANEAN |
| 89 | © borchee |
| 89 | © jacquesvandinteren |
| 89 | © ico_k-pax |
| 89 | © Gfed |

**UNIDADE 9**

| | |
|---|---|
| 92 | © Agência Lusa, a utilização deste ficheiro é regulada nos termos da licença Creative Commons - Atribuição 3.0 Unported: https://creativecommons.org/licenses/by/3.0/deed.en |
| 94 | © kevron2001 |
| 95 | © chechele |
| 97 | © Marc Dufresne |

**UNIDADE 10**

| | |
|---|---|
| 104 | © 101cats |
| 105 | © svetikd |
| 105 | © ljubaphoto |
| 108 | © Oleksii Liskonih |

**UNIDADE 11**

| | |
|---|---|
| 116 | © LuisPortugal |
| 116 | © pabkov |
| 116 | © ruivalesousa |
| 116 | © Jacek_Sopotnicki |

**UNIDADE 12**

| | |
|---|---|
| 120 | © Benoît Prieur / Wikimedia Commons / CC BY-SA 4.0. A utilização deste ficheiro é regulada nos termos da licença Creative Commons - Atribuição - ShareAlike 4.0 Unported (https://creativecommons.org/licenses/by-sa/3.0/deed.en) |
| 121 | © Diego Delso, delso.photo. A utilização deste ficheiro é regulada nos termos da licença Creative Commons BY-SA 4.0 (https://creativecommons.org/licenses/by-sa/4.0/legalcode) |
| 125 | © Ficheiro da Wikimedia Commons, (https://commons.wikimedia.org/wiki/File:Orpheu_1.png) Imagem do domínio público. |

# Outras publicações

## PORTUGUÊS EM FOCO 4 – LIVRO DO ALUNO

Luísa Coelho e Carla Oliveira
ISBN: 978-989-752-396-0
Formato: 19.6x25 cm
Páginas: 232

**Português em Foco 4** é o quarto de um conjunto de manuais que abrangem os níveis A1 a C2, dirigidos a adolescentes e adultos aprendentes de Português como Língua Estrangeira. Está dividido em áreas temáticas que pretendem cobrir as necessidades comunicativas dos aprendentes, correspondendo aos níveis C1/C2 do Quadro Europeu Comum de Referência para as Línguas (QECR). Deste modo, o aprendente irá atingir um grau de independência que lhe permitirá interagir num conjunto variado de situações de comunicação, desenvolvendo mecanismos linguístico-comunicativos, nomeadamente de reconhecimento e uso das principais estruturas léxico-sintáticas e sintático-semânticas da língua. Estas estruturas permitirão uma maior flexibilidade e capacidade para usar a língua em situações menos previsíveis.
Este livro apresenta

- Textos que cobrem as áreas temáticas de modo a abranger as situações de comunicação previstas para o nível C1/C2;
- Conteúdos gramaticais expostos com rigor e clareza;
- Textos áudio diversificados para desenvolver a compreensão oral;
- Exercícios de expressão oral e escrita de acordo com a temática estudada na unidade;
- Glossário em alemão, espanhol, francês e inglês;
- Gravações áudio dos textos disponíveis em www.lidel.pt/pt/download-conteudos/.

**Português em Foco 4** apresenta também um Livro do Professor que está organizado conforme as unidades do Livro do Aluno. Em cada unidade existem indicações precisas sobre as atividades a desenvolver na sala de aula. Inclui ainda as soluções dos exercícios propostos no Livro do Aluno.

## PREPOSIÇÕES EM AÇÃO – MAIS DE 200 EXERCÍCIOS

Luísa Coelho e Carla Oliveira
ISBN: 978-989-752-573-5
Formato: 16,7 x 24 cm
Páginas: 176

**Preposições em Ação – Mais de 200 Exercícios** é um livro constituído por 34 unidades, que tem como objetivo principal a aquisição, estudo e prática das principais preposições e locuções prepositivas da língua portuguesa. É um livro que permite um estudo e aprendizagem autónomos ou em aula, pois possui soluções para todos os exercícios propostos. Destina-se a um público jovem e adulto, e é indicado para todos os aprendentes de Português Língua Estrangeira, desde os níveis A1 a C2, podendo também ser usado em outros contextos.

Detalhes sobre os livros em
## www.lidel.pt

# Outras publicações

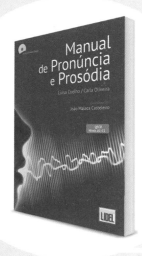

## MANUAL DE PRONÚNCIA E PROSÓDIA

Luísa Coelho e Carla Oliveira
ISBN: 978-972-757-892-4
Formato: 17x24 cm
Páginas: 140

**Manual de Pronúncia e Prosódia** destina-se a aprendentes de PLE dos níveis A1 a C1 e tem como objetivo melhorar a pronúncia e a prosódia da Língua Portuguesa. Baseado numa perspetiva comunicativa, apresenta uma tipologia de exercícios variados e dá preferência a frases em vez de sons isolados. Os trava-línguas são uma nota lúdica numa aprendizagem que se deseja comunicativa.

## VERBOS NO PASSADO - 100 EXERCÍCIOS

Sofia Rente | Diana Oliveira
ISBN: 978-989-752-508-7
Formato: 16.7x24 cm
Páginas: 104

**Verbos no Passado - 100 Exercícios** é um livro dedicado aos tempos do passado, no modo indicativo. Contém uma centena de exercícios distribuídos por três partes: 1) Tempos do Passado (cada tempo é trabalhado individualmente); 2) Tempos do Passado em Contraste (os tempos são trabalhados dois a dois); e 3) Tempos do Passado - Mix de Exercícios (todos os tempos são trabalhados em simultâneo). Além do aumento gradual de dificuldade ao longo da obra, em cada parte há 3 níveis de complexidade nos exercícios - fácil, médio, difícil -, com duas páginas de exercícios para cada nível. Este auxiliar inclui, ainda, explicações sobre a formação e o uso de cada tempo verbal, com estratégias para distinguir tempos que frequentemente se confundem. É indicado para todos os aprendentes de Português Língua Estrangeira, dos níveis A1 a C2, podendo também ser usado noutros contextos.

Detalhes sobre os livros em
# www.lidel.pt